신약성경 하나님 나라 이야기, 통독 성경 읽기

신약성경 하나님 나라 이야기, 통독 성경 읽기

초판 1쇄 인쇄일 2011. 11. 10.
초판 1쇄 발행일 2011. 11. 10.

지은이/박병훈　　펴낸이/정신일
교정 · 교열/최문종　　편 집/박지영

CLS 크리스천리더

http//www.cjesus.co.kr

주 소 : 부천시 원미구 중동 677-16 2층
연락처 : ☎ (032)342-1979　fax.(032) 343-3567
총 판 : 생명의 말씀사 (02)3159-8211
등 록 : 제2-2727호(1999. 9. 30.)

값 7,800원

※잘못된 책은 구입하신 곳에서 바꾸어 드립니다.

ISBN 978-89-6594-028-9 03230

6년간 혼신의 노력과 기도로 탄생한 통독 성경 읽기의 새로운 메뉴얼

신약성경

하나님 나라이야기, 통독 성경읽기

박병훈 목사

"성경은 능히 너로 하여금 그리스도 예수 안에 있는 믿음으로 말미암아
구원에 이르는 지혜가 있게 하느니라
모든 성경은 하나님의 감동으로 된 것으로 교훈과 책망과 바르게 함과
의로 교육하기에 유익하니 이는 하나님의 사람으로 온전하게 하며
모든 선한 일을 행할 능력을 갖추게 하려 함이라"(딤후3:15~17)

CLS 크리스천리더

추천의 글

하나님의 말씀은
우리들의 삶을 밝혀주는 등불이며
우리들의 인생여정을 인도하는 빛이다.
그 말씀을 소화하여 우리 자신의 것으로 만들어야 한다.

성경 안에 하나님의 나라가 있고, 인류의 역사가 있고, 문화, 예술, 과학, 도덕윤리, 각종 종교의 뿌리가 있음을 우리는 익히 잘 알고 있습니다.

그러기에 우리 그리스도인들이 성경을 읽고, 성경 속에 감추어져 있는 그 오묘한 진리를 바로 깨달아 우리들의 삶의 자리에 적용, 실천함으로써 하나님의 나라를 내 마음 속에, 가정 속에, 이 땅에 펼쳐 나가는 지름길(첩경)이 아닌가 생각 됩니다. 그래서 우리는 성경을 사랑하고, 성경을 많이 읽으려고 노력해 봅니다.

그럴 때 마다 우리는 "읽기를 위한 읽기"로 끝 날 때가 많고, 그러다 보니 신앙과 생활이 일치하지 못하고, 마음 한 구석에 허전한 공허감과 영혼의 갈증을 느낀 적이 있음을 고백하지 않을 수가 없습니다.

왜 그럴까요? 그럴 수밖에 없는 까닭을 저자가 예리하게 진단하고, 성경읽기를 단 한번을 해도, 성경다독(多讀) – 열 번 읽는 효과에 못지 않는 학습효과를 내기 위해서 저자는「하나님나라 이야기, 통독 성경읽기」를 편찬하게 된 것으로 믿어 마지않습니다.

이 책의 특성은 요약 하면 다음과 같습니다.

첫째로 본서의 두드러진 특성중 하나가, 성경 각장 마다 전달 하고자 하는 중심 메시지를 정확하게 뽑아 질문형식에 답 할 수 있도록 되어 있기 때문에 정독(精讀)만 하면 누구나 하나님의 의도를 바로 파악 할 수 있도록 꾸며져 있다는 점입니다.

둘째는 성경읽기는 다독의 바탕위에 정독을, 정독의 바탕위에 성경공부가 있고, 다음에 묵상이 따라야 하며, 셋째는 성경을 읽을 때 성경 전체 속에서 각 권, 각 장의 핵심 된 내용을 꼭 짚어보고 넘어 가도록 했고, 특히 전체 내용을 잃어버리는 오류를 막기위해 핵심 내용이 나오는 구절을 찾도록 했고, 넷째로 질문을 자세히 읽고 생각해 보아야 하는데, 대게의 경우, 성경 읽기에 바빠 중심내용을 놓치는 경우가 많기 때문에 메시지가 들어있는 성경구절을 찾으므로 성경 정독의 습관을 갖도록 했고, 끝으로 본서는 성경읽기를 돕고, 인도(가이드)하는 책이므로 신학적이진 않으며, 더 깊고 자세한 내용들 역사적, 지리적, 문화적, 동식물과 언어의 의미, 그리고 다른 성경과의 연관성은 성경읽기 지도자에 따라 더 풍성한 설명을 붙일 수 있도록 꾸며져 있음을 보게 됩니다.

본서 저자인 박병훈 목사는 대학원에서 신학 박사 교육과정을 이수하였고, 학위 논문 쓰는 일을 뒤로 미루고, 무려 6년여 동안 젊음과 열정을 가지고, 본서 연구에 매달리면서 목회사역을 감당 해 왔고, 학구열에 불타며 뜻을 같이 하는 중견 교역자 동지들과 수년간 합동 연수, 연찬을 거듭했으며, 교회 안 밖에서는 이미 본서에 대한 효과가 입증 된 바 있습니다.

뿐만 아니라 본 저자가 소장의 중책을 맡고 있는 "크리스천 인성교육 연구소"에서는 앞으로도 본서를 갖고, 계속적이며 단계적인 성경통독학교와 세미나를 열어 〈하나님나라 이야기〉통독 성경읽기운동의 저변확산을 위해서 중단 없는 전진을 계속 해 갈 것 입니다.

바야흐로 전국 교회와 기독교 학교, 신학교에 이르기까지, 무수히 전해지는 설교와 성경공부의 홍수 속에서 참된 하나님의 말씀을 바로 읽고, 바로 깨닫고 , 바로 생활 속에 적용 실천하기에 목 말라하는 사람들에게 이 책은 성경읽기의 기쁨을 안겨 줄 것을 확신하기에 감히 일독을 권하며 추천의 말씀을 드리는 바입니다.

2011년 11월 독서의 계절을 맞으며

크리스천 인성교육 연구소 이사장 정 태 일

머리말

성경을 읽읍시다!

성경은 인류 역사를 관통하여 태초부터 종말까지 통일시키는 유일한 경전입니다. 성경은 학문과 문화를 우리 인생과 통일시키고 또 하늘과 땅을 통일하는 진리의 말씀입니다. 구원받은 성도로서 삶의 시작이 예배라면 행함이 있는 믿음 중, 처음이 '하나님 말씀 읽기' 입니다.

그러므로 성경읽기가 생활이 되고 교회들의 캠패인을 넘어 삶이 되기를 바랍니다. 성경읽기는 하나님 나라의 전체 은혜를 경험케 하며 하나님 나라를 보게 합니다. 그래서 신앙의 균형을 갖게합니다.

신앙과 삶이 왜 일치하지 못할까? 또한 그리스도인이 되었으면서도 그리스도인답게 살지 못하는 것은 무엇 때문일까? 예수님을 믿으면서 생각은 비성경적으로 사는 신앙인들을 많이 보면서 한없는 의문과 끝임 없는 질문 속에 찾은 것이 세계관의 문제 였습니다. 그래서 기독교세계관과 문화에 대하여 공부를 했었지만 해결되지 않는 공허함이 또 있었습니다. 그래서 다시 찾은 것이 인성, 성품의 문제 였습니다.

그래서 그것에 대하여 공부를 하고 목회에 접목을 시켰습니다. 그러나 더 근본적인 문제가 있었습니다. 치유되지 못한 상처와 인격 이였고, 결국 이것은 은혜 받지 못함과 성령의 임재하심을 경험하지 못한데서 오는 것이었습니다. 먼저 은혜를 받게 하는 것과 성령 충만을 경험케 하는 것이 중요했습니다. 그래서 은혜의 밭을 만들어야 했습니다.

성경읽기를 계속하면서 먼저 은혜를 받고 깨달은 것은 제 자신입니다. 늘 설교가 부담스럽고 자신이 없었습니다. 그것은 설교방법이나 기법을 몰랐기 때문이 아니었습니다. 첫째는 성경을 몰랐기 때문임을 알았습니다.

성경을 아는 것은 성경읽기가 먼저였습니다. 성경을 작정하고 읽었습니다. 지금까지는 생각나면 읽고, 설교하고 성경공부하기 위해서 읽었다면 이제는 성경읽기가 목회사역이 되었습니다.

그래서 다독을 시작했습니다. 성경을 10번, 20번, 30번 통독을 하면서 깨닫는 것이 있었습니다.

성경의 '빅 아이디어' 즉 '키 워드'를 중심으로 읽으며 정리하기 시작하여 성경의 각 장과 문단에서 중심 메시지가 있는 구절을 찾는 질문을 만들기 시작했습니다. 이것은 성령이 교회들에게 하시는 말씀을 정독하여 듣기 위함입니다. 그것이 6년이 지나는 동안 교회에서는 성경공부를 진행했고 여기, 저기 아는 분들이 사용을 했으며 여러 목사님들과도 매주 4~5시간씩 성경을 읽으며 질문을 찾는 과정과 설명을 통하여 66권을 공부한 결과 성경과 설교에 자신감을 갖게 되었고 많은 도움이 되었다고 했습니다.

또한 더욱 많은 성도들이 성경읽기에 도움이 되었으면 좋겠다는 의견들이 있어 부족하고 미력하지만 용기를 가지고『하나님 나라 이야기, 통독 성경읽기』를 출판하게 되었습니다.

바라고 원하기는 성경읽기가 행동하는 신앙의 첫 걸음이 되어 한국교회의 거룩성이 회복되고『하나님 나라 이야기, 통독 성경읽기』를 하는 동안 그리스도인의 삶과 하나님의 나라가 모든 그리스도인 속에서 자라나고 확장되어 갈 수 있기를 기도합니다.

2011년 10월 11일
박병훈 목사

| 차례 |

『하나님 나라 이야기, 통독 성경읽기』의 특징

1. 누구나 직접 성경을 읽고 공부할 수 있도록 했다.

『하나님 나라 이야기, 통독 성경읽기』는 여러 가지의 견해들 중 한 가지를 말하고 있는 것이 아니라 성경 자체를 말하고 있는 것입니다. 그러므로 진리를 찾고자 하는 구독자의 자세가 필요합니다. 성경을 질문에 따라 정독만 하면 누구나 하나님의 의도를 알 수 있도록 했습니다. 그러므로 초등학생부터 노년에 이르기까지 질문에 따라 부담 없이 성경읽기를 할 수 있습니다.

2. 정독을 할 수 있도록 했습니다.

『하나님 나라 이야기, 통독 성경읽기』는 다독의 바탕위에 정독을 해야 하고, 정독의 바탕 위에 묵상이 있어야 합니다. 그러나 목회자일 경우 정독의 바탕위에 성경공부가 있고 다음 묵상이 있고 다음 설교를 할 수 있습니다. 다독을 하기 위한 목표를 정하면 하나님의 의도를 알 수가 없기에 결국 정독을 통해 말씀을 알고 묵상하여 하나님의 뜻을 알 수 있도록 하는 것입니다.

3. 각 장의 중요한 핵심과 성경의 맥을 찾도록 했습니다.

『하나님 나라 이야기, 통독 성경읽기』는 하나님 나라를 중심으로 성경전체 속에서 각 권, 각 장의 핵심 된 내용을 꼭 집어보고 넘어 갈 수 있도록 했으며 성경을 읽을 때 전체 내용을 읽어버리는 오류를 막기 위해 핵심 내용이 나오는 구절을 찾도록 했습니다.

4. 질문 속에 메시지를 넣었습니다.

질문을 자세히 읽어야 하는 것은 질문이 메시지이기 때문입니다. 어렵게 메시지를 찾게 하려는 것이 아니라 메시지를 가르쳐 주고 그 내용이 말하고 있는 구절을 찾는 것입니다. 대개의 경우 성경읽기에 바빠 중심내용을 놓치는 경우가 많기 때문에 반대로 메시지가 들어 있는 성경구절을 찾으므로 성경정독의 습관을 갖게하는 것입니다.

5. 지도자나 강의 자에 따라 더 풍성한 설명을 붙일 수 있다.

『하나님 나라 이야기, 통독 성경읽기』는 성경읽기를 돕고 인도하는 책이므로 더 깊은 자세한 내용들, 역사적, 동.식물과 언어의 의미 등의 연관성은 성경공부 지도자에 따라 더 풍성한 설명을 붙일 수 있습니다. 그러므로 성경공부용이나, 수련회 예배에도 쓰일 수 있습니다.

『하나님 나라 이야기, 통독 성경읽기』의 사용방법

1. 각 장의 질문을 읽습니다. 1장이면 전장을 읽습니다. 그리고 질문의 구절을 찾습니다.
2. 답은 꼭 한 절이나 1개만 있는 것은 아닙니다.
3. 질문 속에 성경을 보는 관점과 핵심내용이 있음으로 질문을 자세히 읽고 무엇을, 왜 질문하는지 살펴야 합니다.
4. 66권의 1189장 전체를 통독해야 합니다. "전체 속의 성경"은 성경읽기와 해석, 설교의 가장 중요한 방법입니다.
5. 성경은 하나님의 말씀이기에 성령이 스승되셔서 깨닫게 하여 주심을 늘 기도하며 읽어야 합니다.
6. 주일학교 성경공부나 성경읽기를 교육하려는 교회에서 사용 할 수 있습니다. (가정에서 읽고 주일학교에서 확인하는 방법)
7. 수요예배(기도회), 새벽기도, 구역회에서도 사용할 수 있습니다.
8. 수련회에서 한 권씩 정하여 깊이 공부할 수 있습니다.
9. 기독교 대안학교나 미션스쿨에서 성경읽기로 사용할 수 있습니다.
10. 신학생 성경읽기 과정으로 사용할 수 있습니다.
11. 성경을 다독, 정독하고자 하는 사람들에게 완독 할 수 있게 도와줍니다. 성경은 총 1189장입니다. 66권으로 구약 39권, 신약 27권을 예를 들어 하루에 한 장씩 그리고 주일을 제하면 통독하는데 3년 반이 걸립니다.

『하나님 나라 이야기, 통독 성경읽기』의 효과

1. 『하나님 나라 이야기, 통독 성경읽기』를 1독하면 성경 다독 10번 한 것과 같습니다.
2. 성경공부와 설교가 잘 들리며 연관된 내용들이 이해되어 스스로 은혜를 받고 깨닫게 됩니다. 더 이상 설교자나 인도자를 탓하지 않습니다.
3. 성경의 맥을 잡고 관통하여 이해하게 합니다.
4. 성경을 혼자서도 읽을 수 있도록 돕고 이끌어 줍니다.

01 | 마태복음

마태복음 핵심 커멘트 | 하나님 나라 왕으로서의 예수님

유대인을 위한 복음으로 그들이 기다리던 메시야임을 증거하기 위해 구약성경을 99번인용, 구약 예언의 10가지를 인용, '왕'과 '나라'를 75번이나 사용하여 예수님을 왕으로 선포하며, 왕께서 백성들에게 요구하시는 하나님 나라의 원칙과 기적을 통해 세상을 다스리는 권세가 있음을 말한다. 결국 유대 종교지도자들을 통해 '유대인의 왕'이라는 패를 함께 못박아 예수님이 진정한 왕이심을 선언하고 있다.

마태복음 | 1장

1. 창세기 10, 11장에 거쳐 나오는 족보는 노아-셈-아브라함까지입니다. 이제 아브라함부터 이어져 다윗과 예수 그리스도까지 족보가 나옵니다. 그런데 이 족보에는 유명한 사람도 있지만 무명한 사람, 또는 부끄러운 과거를 가진 사람도 있고 특히 같은 자식이고 후손이라도 빠진 사람들이 있습니다. 그것은 언약의 족보이기 때문입니다. 예수 그리스도가 갑자기 나타난 것이 아니라 이 땅에 구속의 언약을 성취하기 위해 오신분임을 보여주고 있는 것입니다. 여기서 이스라엘 최고의 전성시대에서 이스라엘 최고의 수치인 포로시기, 새로운 영광의 회복시기로 나누어 보여주고 있는 구절은?

2. 예수 그리스도의 탄생의 비밀인 잉태의 원인적 방법을 말해주고 있는 구절들은?

3. 700년 전에 처녀가 잉태하여 아들을 낳을 것이 예언되었습니다. 이것을

말하고 있는 구절은? 그 아들이 할 일이 무엇인지를 말해주고 있는 구절은?

마태복음 | 2장

1. 700년 전에 예언된 미가선지자의 기록부터 많은 선지자의 예언이 있었음을 나타내는 구절들은?

마태복음 | 3장

1. 세례 요한의 사역의 핵심이 무엇인지 말해주고 있는 구절은?

2. 세례의 종류와 베푸는 자가 누구인지 말해주는 구절은?

3. 예수 그리스도가 메시아임을 증거하는 것은 예언된 증거, 동방박사들의 증거 또한, 하나님의 증거인데 이를 나타내 주고 있는 구절은?

마태복음 | 4장

1. 세상을 다스리는 악한 권세자 사단의 시험을 받습니다. 세상 주관자를 이겨야 죄의 권세를 이길 수 있습니다. 예수님의 광야 시험은 그 의미가 중요합니다. 광야 시험의 주관자가 누구인지 나와 있는 구절은?

2. 예수님께서 제일 먼저 전파하신 내용이 무엇인지 나타내고 있는 구절은?

3. 공생애 초기 사역 가운데 한 가지 중요한 것이 제자를 삼으시고 훈련시키시는 것입니다. 제자들은 훗날 교회의 뿌리가 되기 때문입니다. 첫 제자

베드로에게 하신 말씀이 나오는 구절은?

마태복음 | 5장

1. 예수님께서 구약과의 관계를 설명해 주고 있는 구절은?

2. '옛 사람에게' 또한, '너희가 들었으나' 라고 하시면서 율법과 규례와 전통보다도 더 어렵고 무거운 법을 제시하십니다. 천국에 들어가는 기준으로 말씀하고 있는 구절은?

마태복음 | 6장

1. 구제, 기도, 금식에 대하여 말씀하면서 외식하지 말라고 합니다. 어떻게, 누구에게 해야 하는지 공통적으로 가르치고 있는 내용이 나타나는 구절들은?

2. 재물에 대하여 그리고 하나님의 나라에 대하여 말씀하시면서 섬겨야할 대상을 가르치고 있는 구절들을 각각 찾으시오.

마태복음 | 7장

1. 구하고, 찾고, 문을 두드려 아버지께 간구해야 하는 것이 무엇입니까? 이것을 누가복음 11:13절에서 찾아보시오.

2. 말씀을 듣고 행하라는 것이 주님께서 주신 산상수훈의 결론이었습니다. 그 이유로 말하고 있는 두 구절은?

마태복음 | 8장

1. 주님이 다스리시는 곳이 곧 천국입니다. 예수님은 각색 병자들을 치유하시고 풍랑을 잔잔케 하시며 귀신을 쫓아 내십니다. 여기서 주께서 의지를 가지고 행하시면 이루어진다는 것을 말씀하고 있는 구절들은?

2. 예수님이 누구인지를 증거하고 있는 두 구절은?

마태복음 | 9장

1. 각색 병자의 육체적 질병을 치유하면서 예수님께서 치유하고자 하시는 것이 무엇인지 나타내고 있는 구절들은?

마태복음 | 10장

1. 천국 복음을 전파하기 위해 열두 제자를 택하시고 파송하시면서 특별한 권능도 주십니다. 이것을 나타내고 있는 구절은?

2. 사도행전 2장의 성령강림은 교회를 설립하고 탄생시키는 시점에서 임하십니다. 성령의 역사는 태초부터 계속되었습니다. 제자들을 파송시키면서 성령께서 함께 하실 것을 말하고 있는 구절은?

3. 구원의 복음과 하나님 나라는 하나님의 절대적 주권으로 이루어지지만 구체적 실현은 백성들을 통해 이루십니다. 그러므로 성도들은 세상을 두려워하지 말고 담대하게 복음을 전해야 합니다. 다만 전도자가 두려워해야 할 대상이 누구인지 말해주고 있는 구절은?

마태복음 | 11장

1. 세례 요한은 제자들을 보내어 예수님이 자신이 '오시리라' 예언하고 선포하던 '그 분' 인지를 확인합니다. 예수님은 요한에 대하여 예언되었던 말씀을 하시며 역설적으로 바로 '그 분' 임을 증거하십니다. 예수님이 요한에 대한 증거를 나타내고 있는 구절들은?

2. 고라신, 벳새다, 가버나움의 공통점이 무엇인지 가르쳐 주고 있는 구절은?

3. 성부 하나님과 예수님과의 관계를 가르쳐 주고 있는 구절은?

마태복음 | 12장

1. 본 장에서 말하고 있는 각 사건과 논쟁들이 모두 안식일에 이루어진 것임을 나타내고 있는 구절들은?

2. 예수님이 안식일의 율법과 전통의 의미를 완전하게 회복하실 수 있는 것은 무엇입니까? 예수님과 안식일과의 관계를 말하고 있는 구절은?

3. 예수님은 안식일 의미를 회복하시는 안식일의 주인이며 하나님 나라의 주인이십니다. 이것을 증거하고 있는 구절은?

마태복음 | 13장

1. 천국을 알아야 천국에 대한 비밀을 말할 수 있습니다. 예수님은 천국에 대하여 자세히 알고 계십니다. 하나님 나라 주인이시기 때문입니다. 세상이 이해하지 못하는 천국에 대하여 비유로 말씀해 주십니다. 모든 비유에는 천국이 이루어지는 모습들이 있습니다. 비유로 말씀하시는 이유를 말해주

고 있는 구절들은?

마태복음 | 14장

1. 세례 요한이 증거하던 '오시리라' 하신 그가 예수님이심을 보여주고 있습니다. 세례 요한은 죽었지만 예수님은 표적들을 통해 '만물의 주이심' 과 '하나님의 아들이심' 을 증거하고 있는 것을 볼 수 있다. 오병이어와 물위를 걸으신 각각의 사건에서 예수님이 천지를 창조하시고 다스리시는 하늘의 권세를 행하시는 중심 구절들은?

마태복음 | 15장

1. 바리새인과 서기관들이 하나님의 계명을 어기게 된 것이 무엇 때문인지 말해주고 있는 구절들은?

2. 가나안과 병자를 치유하시고 칠병이어의 표적을 행하셨던 지역이 이방인 지역입니다. 이방인들도 주님의 구원의 계획 속에 있던 것으로 영적 이스라엘을 찾아 구원할 것임을 말해주고 있는 구절은?

마태복음 | 16장

1. '누룩' 이 의미하는 바가 무엇인지 말해주고 있는 구절은?

2. '사람들이 인자를 누구라 하느냐' , '너희는 나를 누구라 하느냐' 는 질문의 답으로 천국 문을 열수 있는 그리스도가 어떤 그리스도인지를 말해주는 구절은?

3. 바리새인과 사두개인들에게 보이실 표적이 무엇인지 그리고 그 내용에 대하여 말하고 있는 또 다른 구절들은?

마태복음 | 17장

1. 예수님에 대하여 하나님의 증거하심을 말해주고 있는 구절은?

2. 서기관들이 말하는 엘리야가 누구를 말하고 있는지를 나타내고 있는 구절은?

3. 예수 그리스도는 천지만물의 창조자이시며 다스리시는 분이십니다. 이것을 보여주고 있는 구절들은?

마태복음 | 18장

1. 예수님이 말씀하시는 천국의 질서는 무엇입니까? 이것을 말해주고 있는 구절은?

2. 예수님을 믿는 어린아이 하나라도 찾으시고 구원하심을 말해주고 있는 구절들은?

3. 주님이 교회에게 주신 권한으로 16:19절 말씀의 적용을 나타내고 있는 구절은?

4. 예수님이 말씀하신 22절의 진정한 뜻이 무엇인지 말하고 있는 구절은?

마태복음 | 19장

1. 하나님께서 창조하신 규범으로 결혼제도가 있습니다. 결혼제도의 참 뜻을 알고 지키고 회복하는 것이 중요한데 이것을 말씀하고 있는 세 구절은?

2. 부자가 구원받는 것은 약대가 바늘 귀를 통과하는 것 보다 어렵다고 했습니다. 그렇다면 구원을 받을 수 있는 방법은 무엇입니까? 이것을 가르쳐 주고 있는 구절은?

마태복음 | 20장

1. 본 장에서도 천국의 질서가 나타나고 있습니다. 천국에서 상급의 기준은 하나님의 기쁘신 뜻에 따른다고 하는데 이러한 내용을 말해주는 구절들은?

2. 예수님은 섬김의 원리를 따라 이 땅에 오셨으며 섬김의 진리를 행하신다고 가르치셨습니다. 천국의 섬김의 진리를 말해주고 있는 세 구절은?

마태복음 | 21장

1. 예수님이 옛 선지자들과 말씀을 통하여 예언되었던 '그 분' 임을 증거해 주는 구절들은?

2. 무리들이 예수님에 대하여 어떻게 알고 있었습니까? 이것을 가르쳐 주는 구절들은?

3. 예루살렘에 입성하신 예수님은 제일 먼저 성전을 정화합니다. 성전의 본래 의미를 회복하시기 위함인데 이를 말해주고 있는 구절은?

4. 열매 없는 무화과나무를 저주하십니다. 지난날 먼저 선택받은 민족이나 그림자를 믿고 정작 구원의 열매가 되시는 예수님을 믿지 않았기 때문입니다. 하나님의 나라는 어떤 자의 것인지 말해주고 있는 구절은?

마태복음 | 22장

1. 혼인 잔치의 비유로 구원받는 자들이 어떤 자들인지를 말씀하십니다. 구원받은 사람이 예정되었다는 것은 먼저 믿은 내가 복음을 전하도록 예정되었기 때문에 믿는 자들은 성실히 복음을 전해야 합니다. 선택받은 자가 갖추어야 할 조건이 무엇인지 말해주고 있는 구절은?

2. 성도들의 삶은 하나님 나라와 세상 나라와의 긴장관계 속에 있습니다. 이것을 가르쳐 주고 계신 예수님의 말씀은?

3. 사두개인들과 바리새인들이 각각 예수님을 시험하셨습니다. 예수님의 대답 중에서 각 중심 구절은?

마태복음 | 23장

1. 외식하는 서기관과 바리새인들에 대하여 책망하십니다. 그들의 행위와 말이 어떤 것인지 나타내고 있는 구절들은?

2. 예수님께서 서기관과 바리새인들의 잘못을 지적하며 새롭게 가르쳐 주신 내용들을 말하고 있는 구절들은?

마태복음 | 24장

1. 열왕기상 8:1~11절과 9:1~10절을 읽고 성전이 열왕기상 9:7절과 같이 될 것임을 말하고 있는 구절은?

2. 제자들에게 미혹 받지 않도록 주의하라고 하신 것이 무엇인지 말해주고 있는 구절들은?

3. 세상의 끝, 종말의 때는 언제입니까? 이것을 말해주는 구절은?

4. 성도들의 위치는 세상과 천국에 함께 속해있다는 것입니다. 그러므로 성도들의 삶의 자세는 어떠해야 하는지 가르쳐 주고 있는 구절들은?

마태복음 | 25장

1. 구원받고 선택받은 자들의 천국을 바라보며 살아야 하는 삶의 자세가 무엇인지 말해주는 구절은?

마태복음 | 26장

1. 주님에 대한 사랑과 헌신으로 드려진 기름부음은 곧 예수님의 죽으심을 준비하는 예표로 사용되었습니다. 주님은 성도들의 사랑과 헌신을 통해 영광받으시고 역사하십니다. 그 헌신의 향기가 지속될 것임을 말하고 있는 구절은?

2. 떡을 떼어 나누고 잔을 가지고 사례하는 성찬을 기념하여 성례로 삼아야 하는 의미가 무엇인지 나타내고 있는 구절은?

3. 주님께서 죽으시고 부활하신 것임을 제자들에게 말씀하고 있는 구절은?

4. 예수님께서 죽으심을 앞두고 "내 마음이 심히 고민하여 죽게 되었으니."이렇게 괴로워하면서 기도한 것이 무엇인지 나타내고 있는 구절들은?

5. 33절, 35절의 내용이 어떻게 되었는지 알려주고 있는 구절은?

마태복음 | 27장

1. 자신의 죄를 깨닫고 인정하여도 스스로 죄에 대하여 처벌할 수 없습니다. 죄에대한 처벌은 하나님의 주관입니다. 사해주시든 심판을 하시든 오직 죄인임을 깨닫고 주님의 사죄의 은혜를 구해야 합니다. 유다 스스로의 죄악에 대하여 심판하고 있음을 보여주는 구절은?

2. 마태복음 4장 6절의 내용과 같은 시험을 하고 있는 내용은 몇 절입니까?

3. 예수님이 세례 요한에게 세례를 받으실 때 하나님의 그리스도임을 증거했던것과 같이 죽으실 때 하나님의 그리스도에 대하여 증거하고 있는 구절들은?

마태복음 | 28장

1. 26장 32절의 말씀과 같이 이루어지고 있음을 말씀하고 있는 구절들은?

2. 열한명의 제자들에게 주신 사명으로 주님께서 함께 이루어 가실 것임을 말씀하신 내용이 무엇인지 말해주는 구절은?

02 | 마가복음

마가복음 핵심 커멘트 | 하나님 나라 종으로서의 예수님

하나님 나라의 아들이시며 왕이신 예수님이 그 권세와 능력을 어떤 모습으로 나타내셨을까? 그것은 모든 사람의 종이 되는 섬김의 모습이다.
신격을 가지신 종으로 아버지께 절대적으로 순종하여 죄인을 위한 십자가의 희생으로 섬김의 모범을 보여주셨다. '종' 이기에 개인적 사항에 관하여 기록하지 않았고 부활하기 전에는 '주님' 이라고 부르지도 않는다.

마가복음 | 1장

1. 복음이란 무엇입니까? 마가복음에서 전하고자하는 복음의 내용이 무엇인지 말하고 있는 구절은?

2. 세례 요한의 사역이 의미하는 바가 무엇인지 말해주고 있는 구절은?

3. 교회에게 권위를 주어 실행하게 하신 성례가 세례인데 예수님은 세례 요한을 통해 물세례의 권위를 인정하시고 받으셨습니다. 예수님이 주시는 세례가 무엇인지 나타나고 있는 구절은?

4. 예수님이 누구인지 증거하고 있는 내용이 나타나는 구절들은?

마가복음 | 2장

1. 사람들은 기적과 이적을 보고 놀라고 믿고 따릅니다. 그러나 예수께서 말씀하신 중풍병자의 고침 받는 것 보다 더 어려운 것이 무엇인지 말해주고 있는 구절은?

2. 예수님의 임하신 목적과 사역을 말씀하고 있는 구절은?

3. 창세기 2:2~3절의 안식일의 의미를 설명해주고 있는 두 구절은?

마가복음 | 3장

1. 예수님이 그리스도이심을 증거해주고 있는 이들이 누구인지 말해주고 있는 구절은?

2. 예수님께서 세우신 제자들에게 주신 사명과 능력이 무엇인지 나타내고 있는 구절들은?

3. 하나님께 사함을 받을 수 없는 죄가 무엇인지 가르쳐주는 구절은?

4. 성도의 '가족'이라는 말의 의미 속에 있는 권속의 의미가 무엇인지 가르쳐주고 있는 구절은?

마가복음 | 4장

1. 무리들에게는 비유로 말씀하시고 제자들에게는 비유를 해석해 주셨습니다. 그 이유를 말해주고 있는 구절들은?

2. 하나님의 나라로 말씀이 뿌려지는 것과 같이 전파되고 말씀은 깨닫는 자들 속에서 이루어집니다. 등불의 비유, 자라는 씨의 비유, 겨자씨의 비유를 통해 현실적인 천국의 모습을 보여 줍니다. 또한 천국의 미래성에 대하여 표현해 주고 있는 구절들은?

3. 예수님이 계신 곳이 곧 하나님의 나라입니다. 이것을 증거해 주고 있는 구절은?

마가복음 | 5장

1. 군대 귀신은 예수님을 만나자 스스로 돼지 떼에게로 들어가기를 요청하고 허락받자 바다에 몰사했습니다. 군대 귀신이 증거하는 예수님이 누구인지 말하고 있는 구절은?

2. 가인과 아벨이 제사 중에 아벨의 제사만 받으셨는데 아벨의 제사는 믿음의 제사(히11:4절)였기 때문입니다. 혈루증 여인이 고침을 받고 구원받은 것은 무엇 때문인지 말하고 있는 구절은?

3. 죽게 된 딸을 고침 받고자 예수님을 찾아온 회당장 야이로는 집에 도착하자 딸이 죽었다는 소식을 듣게 되는데 이 때 예수님이 그에게 요구한 것이 무엇인지 말해주고 있는 구절은?

마가복음 | 6장

1. 세자들에게 귀신을 쫓아내며 병을 고치는 권세를 주시며 전도자로 파송을 합니다. 제자들이 갖추어야 할 것을 말해주고 있는 두 구절은?

2. 오병이어의 기적은 우리에게 있는 것을 내어드렸을 때 일어납니다. 기적의 시작은 우리 것을 주님께 드리는 것에서부터 시작됩니다. 예수님이 제자들에게 요구한 것이 무엇인지 나타나는 구절은?

3. 예수님의 병 고치심, 죽은 자를 살리심, 풍랑을 잔잔케 하심과 물위를 걸으시는 기적들은 하나님의 아들로서가 아니라, 모든 만물을 지으시고 다스리시는 하나님이심을 알 수 있습니다. 기적을 경험하는 것은 반복적인 경험을 통해 우연이나 운이 좋아서가 아니라 능력이며 존재라는 사실을 깨닫게 될 때 믿음이 되는 것입니다. 그러나 존재를 깨달으면 기적이 없이도 믿게 됩니다. 제자들에게서 이 사실을 알 수 있는 구절은?

마가복음 | 7장

1. 바리새인들과 유대인들의 신앙의 특징을 말해주고 있는 구절들은?

2. 구원의 조건이 전통이나 유전나 혈통이 아니며 오직 믿음임을 보여주고 있는 구절은?

마가복음 | 8장

1. 예수님께서 베푸신 기적들이 무수히 많았음에도 바리새인들뿐만 아니라 제자들도 깨닫지 못하였습니다. 바리새인들 속에 있는 것이 무엇인지 비유로 말씀하고 있는 구절은?

2. 역사적으로 시대에 따라 예수 그리스도에 대한 오해는 계속 되었고 많은 이단까지 발생하였습니다. 지금 사람들은 예수님에 대하여 누구라고 하며 어떤 예수님을 이야기 합니까? 예수님이 누구신지 가르쳐 주고 있는 구절은?

3. 사단이 우리의 약점과 죄성으로 악을 행하게 하며 유혹하여 넘어지게 합니다. 사단이 미혹하는 원리가 무엇인지 말해주고 있는 구절은?

마가복음 | 9장

1. 예수님이 누구인지 증거해 주시고 있는 구절은?

2. 귀신들린 아이를 고치심으로 제자들에게 가르쳐주신 것이 무엇인지 나타나고 있는 구절들은?

3. 하나님 나라의 질서를 가르쳐 주고 있는 구절은?

4. 세상의 유혹을 물리치고 어떤 희생을 치르더라도 반드시 얻어야 하는 것이 무엇인지 말해주고 있는 구절들은?

마가복음 | 10장

1. 하나님이 제정하신 결혼의 진정한 의미가 무엇인지 말해주고 있는 구절은?

2. 하나님의 나라를 잘 가꾸고 돌보고 지켜야 함을 비유로 말해주고 있는 구절은?

3. 구원을 받고 영생을 얻는 것은 오직 하나님의 주권과 은혜만을 통해 이루어질 수 있습니다. 구원을 받고 영생을 얻은 자에게서 나타나는 모습을 가르쳐주고 있는 구절은?

4. 먼저 된 자가 나중 되고 나중 된 자가 먼저 될 자가 많습니다. 먼저 되고 으

뜸이 될 자는 어떤 자인지 말해주고 잇는 구절들은?

마가복음 | 11장

1. 예수님이 예루살렘을 입성하실 때 많은 무리들은 왕에 대한 존경의 표시였던 겉옷과 나뭇가지를 펴서 맞이합니다. 백성들이 원하고 있던 것이 무엇인지 나타나고 있는 구절은?

2. 저주받은 무화과나무는 무엇 때문입니까? 그 이유를 말해주고 있는 구절은?

3. 성전의 주인이신 예수님께서 성전이 어떤 곳인지 가르쳐주십니다. 그러나 성전은 벌써 그 의미를 잃었습니다. 예레미야 7:8~11절의 말씀과 같은 내용이 나타나는 구절은?

4. 저주하신 무화과나무가 말랐습니다. 이를 통해 보이고자 하신 것이 무엇인지 말해주는 구절은?

마가복음 | 12장

1. 예수님이 당시 종교지도자들에 의해 배척을 받으십니다. 포도원의 주인이 되려고 하던 이들의 마지막을 보여주는 구절은?

2. 성도는 하나님 나라에도 속하였고 세상 나라에도 속하여 있습니다. 그러므로 이 두 나라에 대한 책임과 의무를 감당해야 합니다. 이것을 말해주고 있는 구절은?

3. 사두개인들의 시험에 대하여 부활 후의 천국 질서의 모습을 말해주고 있는 구절은?

4. 부자들의 연보보다 과부의 연보가 더 많은 이유를 말해주고 있는 구절은?

마가복음 | 13장

1. 화려한 성전이지만 강도의 굴혈이 되어버렸고 과부의 연보를 받아 외식하는 종교지도자들이 있는 성전의 결국은 무엇인지 말해주고 있는 구절은?

2. 세상에 큰 환난이 일어날 때 사람들 가운데 나타날 현상을 말해주고 있는 구절은?

3. 주님의 재림은 언제인지 예측할 수 없습니다. 그러므로 성도들에게 요구하시는 자세가 무엇인지 나타나는 구절들은?

마가복음 | 14장

1. 1, 2절 말씀의 모의 무산되고 유월절과 무교절의 명절에 예수님을 붙잡게 되었음을 보여주는 두 구절은?

2. 예수님께 향유를 부은 마리아의 도유사건에서 4~5절의 의미와 또 다른 의미를 가르쳐 주고 있는 구절들은?

3. "다 버릴지라도 나는 그렇지 않겠나이다"라고 고백한 이들은 누구인지 나타나고 있는 구절들은?

4. 예수께서 3번 기도하신 기도의 내용이 무엇인지 나타나는 두 구절은?

5. 예수님에 대한 증거가 거짓이었음을 말해주고 있는 구절들은?

6. 31절의 호언장담을 하던 모든 제자들이 예수님을 버리고 도망하였으나 베드로가 다시 돌아왔습니다. 그러나 38절의 말씀을 생각나게 하는 구절은?

마가복음 | 15장

1. 예수님을 놓아주려던 빌라도의 의도가 무리들의 요구로 수포로 돌아갑니다. 그 이유가 무엇인지 말해주고 잇는 구절은?

2. 현세적인 삶을 사는 전형적인 모습을 빌라도에게서 볼 수 있습니다. 빌라도 판단의 기준이 되었던 것이 무엇인지 나타나는 구절은?

3. 죄인을 구원하기 위해 십자가에 못 박히신 예수님과 대조적인 모습으로 로마 군병들의 관심이 무엇인지 나타나는 구절은?

4. 예수님이 십자가에 못 박히고 온 땅이 3시간동안 어두워졌습니다. 시편 22:1절의 마지막 말씀이 나타나는 구절은?

5. 예수님의 죽으심을 통해 그리스도이심을 증거하는 내용들이 나타나는 구절들은?

마가복음 | 16장

1. 무덤으로 간 여인들은 마27:62~66절과는 다른 걱정을 했습니다. 그 걱정

이 무엇인지 나타나는 구절은?

2. 천사가 선포하고 증거하는 메시지는 무엇입니까? 이것을 말해주는 구절은?

3. 천사가 여인들에게 지시한 내용이 무엇인지 나타나고 있는 구절은?

4. 전도의 주체는 전도자가 아니라 하나님입니다. 제자에게 나타낸 예수님이 주신 지상명령으로 성도들의 직무를 말해주고 있는 구절은?

03 | 누가복음

누가복음 핵심 커멘트 | 하나님 나라 참된 인간으로서의 예수님

인간의 몸을 통해 육신을 입고 인류에게 들어오신 하나님인 동시에 인간이신 예수님은 '인자' 로 일컫는다. 십자가에 달리시기 위해 인간이 되셔야 했고, 그 죽음으로 구원의 효력을 나타내기 위해 하나님이셔야 했다. 즉 죄가 없으신 인간이 되셨다. 권능의 사역으로 하나님의 나라를 드러내시며 구세주로서 하나님 나라로 죄인들을 환영하신다.

누가복음 | 1장

1. 사가랴와 엘리사벳을 소개하고 있는 내용 중에서 그들의 신앙과 자연적인 상황을 말해주고 있는 두 구절은?

2. 태어날 요한의 사역이 무엇인지 말해주고 있는 구절들은?

3. 제사장 사가랴가 벙어리가 된 이유를 말해주는 구절은?

4. 천사가 마리아에게 태어날 예수님의 사역이 무엇인지 가르쳐 주고 있는 구절들은?

5. 예수님께서 일컬음을 받은 또 다른 표현이 무엇인지 나타내는 구절은?

6. 사가랴의 입이 열리고 혀가 풀려 말하게 된 때는 언제인지 나태내고 있는 구절은?

누가복음 | 2장

1. 예수님께서 구주이시며 그리스도라는 사실을 증거해 주고 있는 구절들은?

2. 예수님을 지칭하는 칭호가 나타나는 구절들은?

3. 태어난 아기의 이름을 지은 때가 언제인지 나타내는 구절은?

4. 시므온이 어떤 삶을 살았는지 말해주는 구절은?

5. 시므온이 아기 예수와 마리아에게 장차 어떻게 될 것이라고 예언했는지 말하고 있는 두 구절은?

6. 안나가 아기 예수께 대하여 증거하는 내용이 나타나는 구절은?

7. 예수님께서 하나님과의 관계를 나타내고 있는 구절은?

누가복음 | 3장

1. 세례 요한이 전파한 내용이 무엇인지 나타나는 구절은?

2. 지금까지 아브라함의 자손이라고 생각했는데 세례 요한은 진정한 아브라함의 자손이 누구인지 가르쳐 줍니다. 이것을 말해주는 구절은?

3. 회개에 합당한 열매가 무엇인지 말해주고 있는 구절은?

4. 세례 요한의 사명이 무엇인지 나타나는 구절은?

5. 예수님에 대하여 증거해 주고 있는 구절은?

6. 예수님 족보에서 예수님의 근원이 나오는 구절은?

누가복음 | 4장

1. 출애굽한 이스라엘 백성들이 광야 40년 동안 유랑하고 모세가 산에서 40일 동안 먹지 않고 있었던 것이 모두 하나님이 인도하신 것 같이 예수님을 광야로 인도하신 분이 누구인지 나타나는 구절은?

2. 마귀가 예수님을 누구로 알고 시험하는지 말해주는 구절들은?

3. 사렙다 과부와 수리아 사람 나아만이 비유하고 있는 것이 무엇입니까?

4. 나사렛 사람들은 예수님을 어떻게 받아들였는지 나타내는 구절은?

5. 가버나움의 귀신들린 자들이 예수님에 대하여 증거하고 있는 구절은?

6. 예수님의 사역이 무엇인지 말해주고 있는 구절은?

누가복음 | 5장

1. 마태복음 4:19절과 요한복음 21:1~14절의 말씀을 참고하여 고기 잡는 어부를택하신 이유를 말해주고 있는 구절은?

2. 문둥병자가 고침을 받을 때 누구의 원함과 소원에 따라 치유되는지 보여주고 있는 구절들은?

3. 죄 사함을 받으라하는 것과 일어나 걸어가라 하는 것 중에 어느 것이 쉽겠습니까? 예수님께서 병 고침을 통하여 나타내시고자 하신 것이 무엇인지 말해주고 있는 구절들은?

누가복음 | 6장

1. 안식일의 참된 의미가 무엇입니까? 예수님과 안식일에 대하여 논쟁하는 이들이 누구인지 나타나고 있는 구절들은?

2. 예수님의 율법은 사랑과 선을 알고 있는 것이 아니라 행함으로 하나님 나라를 이루는 것인데 사랑과 선을 행할 때 어떤 관계가 이루어집니다. 이것을 말해주고 있는 구절들은?

누가복음 | 7장

1. 예수님께서 백부장의 믿음을 칭찬하셨습니다. 그 믿음이 어떤 것인지 믿음의 핵심을 나타내주고 있는 구절은?

2. 세례 요한의 제자들이 예수님께 대하여 질문한 내용이 나오는 구절들은?

3. 예수님이 병든 자를 고치시며 죽은 자를 살리신 것은 구원자이시며 메시야이심을 증거하기 위한 제스처였음을 보여주는 구절은?

4. 세례 요한의 사명이 무엇인지 말해주고 있는 구절은?

5. 바리새인이 여인을 보는 관점과 예수님이 바리새인과 여인을 바라보는 관점이 다릅니다. 각각의 이해가 나타나는 구절은?

누가복음 | 8장

1. 백배의 결실을 맺을 수 있는 원리를 말해주고 있는 구절은?

2. 말씀을 받아들이는 자세가 얼마나 중요한지 가르쳐주고 있는 구절들은?

3. 성도들은 서로 형제, 자매 그리고 권속이라고 합니다. 즉, 가족이라는 것인데 가족이 될 수 있는 기준이 무엇인지 말하고 있는 구절은?

4. 25절 제자들의 의문에 대하여 답해주고 있는 구절은?

5. 예수님을 따라 다니며 스치며 옷자락을 만지는 수많은 무리 중에서 열 두 해 혈우증을 앓던 여인의 만지심을 특별히 느끼신 것이 무엇 때문인지 나타내고 구절은?

누가복음 | 9장

1. 예수님께서 제자들에게 능력과 권세를 주시며 전파하게 하시고 예수님을 따르는 무리들에게 말씀하시고 행하신 복음의 또 다른 이름이 나타나는 구절들은?

2. 세상 사람들은 예수님을 누구라고 합니까? 그리고 제자들은 예수님을 누구라고 합니까? 또한 당신은 예수님을 누구라고 합니까? 우리가 고백하는 것이 신앙과 믿음의 내용이 되는 것입니다. 이것을 보여주는 구절은?

3. 예수님을 따르는 자세를 말해주고 있는 구절은?

4. 예수님이 누구신지 증거하고 있는 구절들은?

5. 하나님 나라의 질서를 가르쳐주고 있는 구절은?

누가복음 | 10장

1. 12제자와는 달리 70명의 전도대를 파송하게 됩니다. 전도대가 전파해야 하는 것이 무엇인지 말해주고 있는 구절들은?

2. 복음을 영접하는 이들에게 이루어지는 하나님 나라의 관계성을 말해주고 있는 구절들은?

3. 제자들이 받은 복과 기뻐해야 할 것이 무엇인지 말해주는 구절들은?

4. 예수님께서 가르치시는 율법의 완성이 무엇인지 가르쳐주는 구절들은?

5. 예수님께서 마르다에게 우선순위를 말씀하고 있는 것이 무엇인지 나타나는 구절은?

누가복음 | 11장

1. 주님께서 기도를 가르치시면서 구하고 찾고 두드려서 받아야 할 것이 무엇인지 가르쳐 주고 있는 구절은?

2. 귀신을 쫓아내신다는 것은 벌써 하나님 나라가 임하였다는 것입니다. 이것을 말해주는 구절은?

3. 하나님의 복을 받는 자가 어떤 자인지 가르쳐주고 있는 구절은?

4. 이 세대 사람을 정리할 자가 누구인지 말해주고 있는 구절들은?

5. 바리새인들의 죄악이 무엇인지 말해주고 있는 구절들은?

6. 율법교사들이 짓고 있는 죄가 무엇인지 말해주고 있는 구절들은?

누가복음 | 12장

1. 제자들에게 몸을 죽이는 자를 두려워하지 말고 지옥에 던져 넣는 권세를 가진 이를 두려워하고 주를 안다고 증언할 것을 말씀하십니다. 왜 이런 권면을 하는지 그 이유를 말해주는 구절은?

2. 15절과 21절을 연결하고 그 결론으로 가르치고 있는 구절은?

3. 종들이 복을 받을 수 있는 모습이 무엇 때문인지 말해주고 있는 구절들은?

4. 최후 심판 날까지 하나님과 화해하지 않으면 심판을 받게 될 것인데 심판을 피할 수 있는 최선의 방법을 비유로 가르쳐 주고 있는 구절은?

누가복음 | 13장

1. 빌라도에게 비참하게 죽은 갈릴리 사람들과 허망하게 실로암 망대가 무너져 죽은 사람들과 회개하지 않는 자들의 종말이 같을 것임을 말하고 있습니다. 주님께서 회개의 열매를 맺기를 얼마나 간절히 원하시는지를 보여주는 구절은?

2. 안식일에 주님께서 하신 일이 어떤 일인지 나타나고 있는 구절은?

3. 하나님 나라의 비유로 놀라운 생명력이 있음을 말해주고 있는 두 구절은?

4. 나중 된 자로서 먼저 된 자도 있고 먼저 된 자로서 나중 될 자도 있는데 나중 된 자들의 모습을 보여주는 두 구절은?

5. 주님께서 예루살렘을 얼마나 사랑하였는지를 비유로 말해주고 있는 구절은?

누가복음 | 14장

1. 예수님은 구약에 주신 율례, 즉 제도적인 신앙들의 의미와 뜻을 회복시키십니다. 안식일의 의미를 가르쳐주고 있는 구절은?

2. 복을 받는 길이 무엇인지 가르쳐주고 있는 구절은?

3. 각각의 이유로 잔치에 청함을 거절했던 이들은 결국 어떻게 되는지 말해주고 있는 구절은?

4. 예수님의 제자가 될 수 없는 자는 어떤 자인지 말해주고 있는 구절들은?

누가복음 | 15장

1. 잃었다가 다시 찾는 것이 무엇을 의미하는지 설명해 주고 있는 구절들은?

2. 25절 '맏아들' 로 비유되고 있는 이들이 나오는 구절은? 또한 잃었던 아들로 비유되고 있는 이들이 나오는 구절은?

누가복음 | 16장

1. 불의한 청지기가 충성한 것이 무엇인지 설명해 주고 있는 구절은?

2. 충성할 것이 무엇인가? 이것을 택하도록 권고하고 있는 구절은?

3. 하나님 나라를 율법으로 폐하는 것이 아니라 완성하는 것임을 가르쳐주고 있는 구절은?

4. 영생과 영벌에 대한 심판은 사후가 아니라 이 땅에 거하는 동안 허락된 기회임을 말하고 있는 구절은?

누가복음 | 17장

1. 마태복음 18:22절과 같은 의미로 말해주고 있는 구절은?

2. 마태복음 17:20절과 같은 의미로 말해주고 있는 구절은?

3. 문둥병자 열 사람이 깨끗함을 받고 그 중 한 사람은 구원도 받았습니다. 깨끗함을 받은 때가 언제인지 나타나고 있는 구절은?

4. 복음은 곧 하나님의 나라입니다. 성전의 개념과도 관계된 하나님의 나라의 특징을 말해주고 있는 구절은?

5. 노아의 때와 롯의 때와 같은 날이 언제인지 말해주는 구절들은?

누가복음 | 18장

1. 과부와 불의한 재판관에게 호소하는 자의 자세가 어떤 것인지 나타나고 있는 구절들은?

2. 항상 기도하고 낙망치 말아야 할 이유를 말해주고 있는 구절들은?

3. 바리새인과 세리의 기도의 대상이 다르기에 기도 내용도 다를 수밖에 없습니다. 서로 기도의 대상이 다름을 가르쳐 주는 구절은?

4. 16:13절의 말씀을 설명해 주고 있는 두 구절은?

5. 부자가 천국에 들어갈 수 있는 길은 자신의 재물의 소유권이 하나님께 있음을 깨닫고 인정하는 것입니다. 이렇게 될 수 있는 방법이 무엇인지 말해주고 있는 구절은?

6. 소경이 눈을 떠 보게 됨으로 나타나는 반응이 무엇인지 보여주고 있는 구절은?

누가복음 | 19장

1. 유대인들은 유대혈통을 따라 아브라함의 자손이요 선민이라는 신앙이 있었습니다. 그러나 진정한 아브라함의 자손 곧 믿음의 후손이 될 수 있는 자격이 무엇인지 말해주는 구절은?

2. 한 므나를 받은 종이 주인을 어떻게 알고 있었는지 보여주는 구절들은?

3. 무리들이 외치지 않으면 돌들이라도 외쳐야 하는 내용이 무엇인지 나타나

고 있는 구절은?

4. 이사야 56:7절과 예레미야 7:4~11절까지를 읽고 예수님께서 회복하려는 것이 무엇인지 가르쳐주고 있는 구절은?

누가복음 | 20장

1. 예수님의 권위에 대한 질문에서 포도원 일군들의 비유를 통해 예수님이 누구인지 비유로 가르쳐 주고 있는 두 구절은?

2. '하나님은 죽은 자의 하나님이 아니요 산자의 하나님이시라' 는 부활의 말씀을 증거로 보여주고 있는 구절은?

3. 마태복음 22:41~46절을 읽고 그리스도가 다윗의 자손이 아닌 이유를 말해주고 있는 구절은?

누가복음 | 21장

1. 사람들의 수고로 아름답고 웅장하게 지은 예루살렘 성전이지만 하나님의 영광과 말씀이 없는 성전이 무너질 것을 말씀하십니다. 이 때 나타날 현상이 무엇인지 말해주고 있는 구절은?

2. 마지막 징조가 나타날 때 어떻게 해야 하는지 권고해 주고 있는 구절들은?

누가복음 | 22장

1. 4:13절의 내용이 다시 계속되고 있는 구절은?

2. 예수님께서 유월절 만찬준비를 해두셨음을 보여주는 구절은?

3. 예수님께서 유월절의 참된 의미가 궁극적인 구원의 날에 완성될 것임을 말해주고 있는 구절은?

4. 집권자들은 백성들 위에 군림하면서도 '은인' 이기를 바랍니다. 반면 어떤 모습인지 가르쳐주고 있는 구절은?

5. 예수님이 베드로를 위해 기도하신 내용이 무엇인지 나타나는 구절들은?

6. 감람산에서 기도하시는 예수님의 기도 내용 중에 자신이 가야할 길을 더욱 명확히 깨닫고 있음을 보여주는 구절은?

7. 공회에서 심문받으실 때 예수님을 잡은 자들이 듣고자 했던 말이 무엇인지 말해주고 있는 구절들은?

누가복음 | 23장

1. 2, 5, 10절의 고소 내용에 대하여 빌라도와 헤롯의 판결이 무엇인지 말해주고 있는 구절들은?

2. 무리들이 외치는 소리에 빌라도가 판결을 바꾸게 된다. 이것을 가르쳐주고 있는 구절들은?

3. 슬피 울며 따르는 여인들에게 예루살렘에 임할 고통이 자연 재해보다 더 심할 것임을 말해주고 있는 구절은?

4. 사단에게 광야에서 시험을 받으신 것 같은 내용을 말해주고 있는 구절들은?

5. 행악자로 사형을 당하는 순간의 죄인이라도 구원받을 수 있음을 보여주고 있는 구절은?

6. 하나님과 분리되고 단절되었던 관계가 예수님의 대속의 죽으심으로 하나님께로 나아가는 길이 열렸음을 보여주는 구절은?

7. 예수님이 운명하시는 모습을 보고 반응하는 내용이 나타나는 구절들은?

누가복음 | 24장

1. 천사가 9:22, 18:33절 말씀의 의미가 무엇인지 가르쳐 주고 있는 두 구절은?

2. 예수님이 누구시며 행하신 구속의 역사가 구약에 기록된 말씀이심을 증거하는 구절들은?

3. 부활하신 예수님께서 제자들에게 보이시고 부활의 복음을 전하는 사명을 주시고 있는 두 구절은?

04 | 요한복음

요한복음 핵심 커멘트 | 하나님의 나라 완전한 하나님으로서의 예수님

이스라엘 백성들이 약속의 땅으로 들어갔던 요단강에서 예수님이 세례를 받음으로 새로운 시작을 알린다. 예수님은 하나님의 아들로 사역하신다. 육신을 입고 이 땅에 오신 하나님으로서의 사역이다. 이 사역을 증거하기 위해 7가지의 이적을 베푸시고, 생명의 떡, 세상의 빛, 양의 문, 선한 목자, 부활이요 생명, 길과 진리와 생명, 참 포도나무 등으로 자신을 주장하신다. 또한 죽음과 사망을 이기시고 부활하시며 영생으로 제자들을 다시 부르셨고 회복시키셨다.

요한복음 | 1장

1. '말씀' 이 천지만물이 창조되기 이전부터 계셨음을 말씀하고 있는 구절들은?

2. '말씀' 안에 있는 것이 무엇인지 가르쳐 주고 있는 구절은?

3. 세례 요한의 사명이 무엇인지 나타내 주고 있는 구절들은?

4. 요한복음에서 예수님이 처음으로 소개되고 있는 구절은?

5. 예수님이 제자들을 부르시는 장면에서 제자들이 예수님에 대한 증거를 나타내고 있는 구절들은?

요한복음 | 2장

1. 가나 혼인잔치의 기적은 예수님의 첫 번째 표적으로 예수님이 우주 만물의 주권자임을 나타내는 것입니다. 또한 유대인의 결혼예식에 쓰이는 물을 포도주를 변화시키시는 의미가 있습니다. 이것을 나타내고 있는 구절은?

2. 성전을 정화하신 예수님이 성전의 의미를 회복하시고자 말씀하신 내용이 무엇인지 말해주고 있는 구절은?

3. 제자들이 예수님의 21절 말씀을 깨닫고 믿게 된 것이 언제인지 가르쳐 주고 있는 구절은?

요한복음 | 3장

1. 예수님께서 니고데모에게 거듭나는 방법을 말씀해 주고 있는 구절은?

2. '성령' 의 특징을 가르쳐 주고 있는 구절은?

3. 예수님께서 증거하시려고 하는 것의 그림자로서 보이는 증거가 무엇인지 말해주고 있는 구절은?

4. 복음의 핵심으로 구원과 영생을 설명해 주고 있는 구절들은?

5. 예수님의 증거를 믿는 이가 증거하는 것이 무엇인지 나타나고 있는 구절은?

요한복음 | 4장

1. 야곱의 우물을 길으러 왔던 사마리아 여인에게 버려졌던 사마리아 땅에 넘쳐흐를 생수의 복음을 전하게 됩니다. 사마리아 여인이 질문한 예배 장소에 대하여 예수님의 대답은 예배하는 자들에 대한 것이었습니다. 이것을 가르쳐 주고 있는 두 구절은?

2. 예수님께서 말씀하시는 양식의 의미를 설명해 주고 있는 구절은?

3. 예수님을 만난 사마리아 여인의 증거가 무엇인지 나타나고 있는 구절들은?

4. 예수님을 만난 이들의 증거가 무엇인지 말하고 있는 구절은?

5. 왕의 신하의 아들이 고침을 받았습니다. 고침 받은 때가 언제인지 말해주고 있는 구절은?

요한복음 | 5장

1. 베데스다 연못은 '은혜의 집' 이라는 뜻이 있으나 하나님의 역사는 아닙니다. 사단은 온 세상을 베데스다 연못처럼 만듭니다. 38년 된 병자는 오직 베데스다 연못에서 치유될 수 있다고 믿고 있습니다. 그러나 그 병자가 병 고침을 받은 곳은 어디인지? 이것을 말해주고 있는 구절은?

2. 유대인들이 예수님을 핍박하는 것이 무엇 때문인지 가르쳐 주고 있는 구절들은?

3. 믿음의 대상이 누구인지 말해주고 있는 구절은?

4. 예수님에 대하여 증거하고 있는 것이 무엇인지 가르쳐 주고 있는 구절들은?

5. 죽은 후에 심판이 있을 것인데 심판의 결과를 설명해 주고 있는 구절은?

요한복음 | 6장

1. 예수님이 광야에서 무리들을 먹이신 오병이어의 표적은 뒤에 나타나는 두 가지 내용과 연결됩니다. 이것을 나타내 주고 있는 두 가지 내용은 무엇입니까?

2. 예수님께서 오병이어로 먹이신 후 많은 무리들이 예수님을 따르고 찾았습니다. 그 이유를 예수님이 무엇이라고 말하고 있는지 이것을 나타내 주고 있는 구절들은?

3. 하나님의 일은 무엇입니까? 이것을 가르쳐 주고 있는 구절은?

4. 예수님의 일은 아버지의 뜻을 이루는 것인데 아버지의 뜻이 무엇인지 설명해 주고 있는 구절들은?

5. 하나님께서 광야에서 이스라엘 백성들에게 만나를 주셔서 살리셨듯이 예수님이 만나와 같이 택함 받은 주의 백성들을 살리신 생명의 양식임을 말해주고 있는 구절들은?

6. 예수님께서 구원하실 백성들은 어떤 자들인지 말해주고 있는 구절들은?

7. 제자들, 특히 베드로가 주님을 떠날 수 없는 이유를 말하고 있는 구절은?

요한복음 | 7장

1. 예수님의 형제들이 예수님에 대하여 어떻게 알고 이해하고 있는지를 보여 주고 있는 구절은?

2. 하나님의 뜻을 행하는 것인지 자신을 나타내려 함인지 어떻게 알 수 있습니까? 이것의 분별력을 가르쳐 주고 있는 구절은?

3. 예수님께서 표적을 보이 신 것은 하나님의 아들이시요, 그리스도라는 것을 나타내려 하심입니다. 무리들이 예수님의 표적에 대하여 소감을 말해주고 있는 구절은?

4. '목마르거든 내게로 와서 마시라', '생수의 강이 흘러 나리라' 에서 목마르지 않는 것과 생수의 강이 무엇인지 가르쳐 주고 있는 구절은?

5. 예수님의 고향에 대하여 논란이 일어났을 때 '보라 갈릴리에서는 선지자가 나지 못하느니라' 는 말은 맞는 말입니다. 예언된 말씀과 다르기 때문입니다. 그런데 예수님이 그리스도 인 것을 증거해 주고 있는 구절은?

요한복음 | 8장

1. 죄를 심판할 수 있는 자는 죄없는 자만이 할 수 있습니다. 모든 사람은 죄인입니다. 간음한 여인을 심판하려던 모든 사람이 돌아갔습니다. 예수님만 남았는데 예수님이 간음한 여인의 죄에 대한 판결의 내용이 나오는 구절은?

2. 예수님이 자신에 대하여 증거하실 때 하나님 아버지에 대하여 관계성을 표현해 주고 있는 구절들은?

3. 예수님께서 말씀하시는 아버지가 누구인지 유대인들에게 밝히고 있는 구절은?

4. '진리가 너희를 자유케 할지라.' 는 말씀을 해석해 주고 있는 구절은?

요한복음 | 9장

1. 예수님께서 소경의 눈을 보게 하심으로 나타내시고자 하시는 것이 무엇인지 가르쳐 주고 있는 구절은?

2. 바리새인들이 예수님을 하나님에게서 온 것이 아니라는 이유로 들고 있는 것이 무엇인지 말하고 있는 구절들은?

3. 바리새인들이 소경인 이유를 말해주는 구절은?

요한복음 | 10장

1. 일반적인 목자와 양의 관계성을 설명해 주고 있는 구절은?

2. 선한목자의 모습은 어떤 것인가? 이것을 말해주고 있는 구절들은?

3. 예수님이 자신을 증거하는 세 가지 내용이 나타나는 구절들은?

요한복음 | 11장

1. 예수님은 나사로의 죽음을 통해 돌로 치려하였던 유대에게 자신이 그리스도이심과 하나님의 아들이심을 증거하고 하나님의 영광을 나타내려고 하

였습니다. 이것을 나타내는 구절들은?

2. 대제사장과 바리새인들은 예수님에 대하여 어떤 결론을 내렸습니까? 어떻게 하기로 결정하였는지를 보여주고 있는 구절들은?

요한복음 | 12장

1. 스가랴 9장 9절의 말씀이 예수님께 대하여 예언된 것인데 이것을 깨달은 때가 언제인지 가르쳐 주고 있는 구절은?

2. 이사야 5장 1~12절의 내용을 말하고 있는 구절은?

3. 마가복음 14:35절, 누가복음22:42절과 같은 내용이 나타나는 구절은?

4. 예수님에 대하여 하나님이 증거해 주시는 구절은?

5. 예수님이 오신 목적이 무엇인지 말해주고 있는 구절들은?

요한복음 | 13장

1. 예수님께서 깨달은 것이 무엇인지 말해주고 있는 구절은?

2. 복을 받는 자는 어떤 자인지 가르쳐 주고 있는 구절은?

3. 예수님의 참된 제자의 표는 무엇입니까? 이것을 나타내 주고 있는 구절은?

요한복음 | 14장

1. 4절 말씀의 '길' 은 무엇인지 나타내고 있는 구절들은?

2. 예수님과 하나님과의 관계를 설명해 주고 있는 구절들은?

3. 빌립과 같이 '주여 아버지를 우리에게 보여 주옵소서' 그리하면 믿겠다고 합니다. 그러나 아버지를 아는 방법은 아들을 보는 것입니다. 이것을 말해 주고 있는 두 구절은?

4. 보혜사를 보내는 이유를 말해주고 있는 구절들은?

5. 앞으로 일어날 일에 대하여 말씀하실 때 제자들이 깨닫지 못하고 믿지도 못합니다. 그럼에도 말씀하시는 이유가 무엇인지 가르쳐 주는 구절은?

요한복음 | 15장

1. 14장은 예수님이 하나님 안에 있는 관계성을 나타내고 15장은 성도들이 예수님 안에 있는 관계성을 말하고 있습니다. 성도들이 예수님 안에 있게 하는 이유를 말해주고 있는 구절들은?

2. 성도들이 예수님 안에 거한다는 것은 무슨 의미입니까? 이것을 가르쳐 주고 있는 구절들은?

3. 「계명」이 이루고자 하는 것이 무엇인지 말해주고 있는 구절들은?

4. 세상이 예수님을 미워하는 것은 예수님을 보내신 분이 누구인지 알지 못하기 때문입니다. 그러나 예수님이 누구인지 증거하게 되는 이들에 대하여

말하고 있는 구절은?

요한복음 | 16장

1. 하나님과 예수님에 대하여 알지 못하는 자들이 행할 것이 무엇인지 말해 주고 있는 구절은?

2. 예수님께서 떠나시는 것이 유익한 이유는 무엇인지 나타내고 있는 구절들은?

3. 보혜사 성령님의 사역이 무엇인지 가르쳐 주고 있는 구절들은?

4. 16, 17, 19, 20, 22절의 말씀이 무슨 의미인지 나타나는 구절은?

요한복음 | 17장

1. 예수님께서 하나님 아버지가 맡기신 일을 행하는 목적은 무엇입니까? 이것을 가르쳐 주고 있는 구절들은?

2. 예수님께서 제자들을 위하여 기도하시면서 하나님 아버지와 예수님과 제자들의 관계가 나타나 있는 구절들은?

3. 예수님께서 아버지와 하나인 것 같이 제자들도 하나 되기를 기도하신 내용이 있는 구절들은?

4. 온 교회가 예수님과 신령한 연합을 이루기를 원하시는 내용이 나타난 구절들은?

요한복음 | 18장

1. 마태복음 26:39절의 말씀에 대한 결론을 말해주고 있는 구절은?

2. 베드로가 예수님을 3번 부인하는 구절들은?

3. 예수님이 빌라도에게 하나님 나라의 특징을 설명해 주고 있는 구절은?

요한복음 | 19장

1. 빌라도가 예수님을 재판한 결과가 무엇이었는지 말해주는 구절들은?

2. 예수님께서 재판 받으시고 고난당하시고 죽으신 날이 언제인지 가르쳐 주고 있는 구절들은?

3. 예수님은 죽은 자를 살리사 영생을 주시기 위하여 이 땅에 임하시고 십자가에 죽으셨습니다. 예수님이 십자가에 못 박히신 곳을 통하여서도 이러한 뜻을 알 수 있다. 이것을 나타내 주고 있는 구절은?

4. 「나사렛 예수 유대인의 왕」은 전 세계로 전파되었습니다. 역사와 권력과 문화를 넘어 전하여 졌는데 당시 모든 사람들에게 알려지게 되었음을 보여주는 구절은?

5. 예수님께서 십자가에 못박혀 고난당하시고 죽으시는 모습에서 참된 구원자요 하나님의 아들 되심을 증거해 주고 있는 구절들은?

요한복음 | 20장

1. 예수님께서 부활하시고 또 제자들에게 나타나신 날이 언제인지 가르쳐 주고 있는 구절들은?

2. 부활하신 예수님께서 승천하실 때 올라가실 곳이 어디인지 말씀하시면서 성도들과의 관계성을 설명해 주고 있는 구절은?

3. 부활하신 예수님께서 핍박이 두려운 가운데 있는 제자들에게 나타나셔서 평강을 전하시고 부활의 증인이 될 것을 말씀하고 있는 구절은?

4. 제자들에게 두 번째 나타나셔서 믿음의 본질에 대하여 말씀하신 구절은?

5. 예수님의 사랑하는 제자 요한이 요한복음을 기록한 목적이 무엇인지 말해주고 있는 구절은?

요한복음 | 21장

1. 부활하신 예수님을 만났던 제자들이 각각 흩어지고 말았습니다. 예수님은 베드로와 함께 고기를 잡고 있는 제자들을 찾아오셔서 "사람을 낚는 어부가 되게 하리라."하실 때와 같은 일이 일어납니다. 고기를 잡을 때 예수님의 말씀을 순종한 내용이 나타나는 구절은?

2. 예수님은 베드로에게 사람 낚는 어부로 회복시키며 그 사명을 주시는 모습을 볼 수 있습니다. 사랑을 확인하신 예수님께서 베드로에게 요구하신 것이 무엇인지 말해주고 있는 구절들은?

05 | 사도행전

사도행전 핵심 커멘트 | 성령을 통한 그리스도의 몸인 하나님 나라 건설

예수님의 죽음과 부활의 이야기를 전하고 있으며 예수님이 아버지께로 돌아가신 후, 성령이 임하시고 그리스도의 새로운 몸인 증인된 공동체 교회가 형성되었다. 성령을 통한 새로운 역사가 시작되며 성령은 하나님의 백성들의 능력이 되셔서 행하시며 가르치시는 사역을 계속하고 제자들을 통하여 말씀이 날로 흥왕하여지며 땅 끝까지 증인이 되게 하심을 나타낸다.

사도행전 | 1장

1. 사도행전의 내용이 어떤 것인지를 보여주고 있는 두 구절은?

2. 예수님께서 승천하시기 전에 약속하신 것이 무엇인지 나타나는 구절은?

3. 성령 세례를 받은 이들의 사명이며 성령을 주시는 이유를 말해주고 있는 구절은?

4. 12명의 제자 중에서 가롯 유다가 죽고 새로운 제자를 뽑습니다. 사도들의 사명을 가르쳐주고 있는 구절들은?

사도행전 | 2장

1. 1장 5, 8절 말씀이 이루어지고 모여 있던 성도들에게 나타난 현상이 무엇인지 말해주고 있는 구절들은?

2. 하나님께서 성령을 부어주시는 자들이 어떤 자들인지 말해주고 있는 구절은?

3. 베드로의 설교 속에서 예수님이 그리스도이심을 증거하는 것이 무엇인지 나타나는 구절들은?

4. 예수님이 그리스도 일 수밖에 없습니다. 그것은 하나님께서 그리스도의 사역을 주도하셨기 때문입니다. 이것을 가르쳐 주는 구절들은?

5. 베드로가 설교를 듣고 개종하고 회심한 이들에게 권고하는 것이 무엇인지 나타내주고 있는 구절은?

6. 초대교회 성도들의 공동생활을 통하여 나타난 결과가 무엇인지 말해주고 있는 구절은?

사도행전 | 3장

1. 성전 미문에 앉은뱅이를 일으켜 걷게 한 치유의 원천이 무엇인지 말해주고 있는 구절들은?

2. 예수님의 제자들, 즉 오늘에 성도들이 증거해야 하는 것이 무엇인지 나타나고 있는 구절은?

3. 베드로 사도가 설교하며 복음을 전하는 목적이 나타나는 구절은?

사도행전 | 4장

1. 병인이 고침을 받고 사람들이 어떻게 구원을 얻게 되었는지 가르쳐주고 있는 구절들은?

2. 관원과 장로와 서기관과 대제사장이 베드로와 요한에게 경계한 것이 무엇인지 말해주고 있는 구절은?

3. 베드로와 요한이 대답 중에서 행위의 기준이 되는 것이 무엇인지 말해주고 있는 구절은?

4. 사도들이 모여 기도하던 내용 중에 간구하는 내용 두 가지가 나타나는 두 구절은?

5. 초대교회에 핍절한 사람이 없던 이유가 무엇인지 말해주고 있는 구절들은?

사도행전 | 5장

1. 초대교회 공동체 안에서는 거짓된 신앙이 있었음을 알 수 있는데 참된 신앙이 따라야 하는 것이 무엇인지 가르쳐 주고 있는 구절들은?

2. 성령을 주신 이유가 무엇인지 말해주고 있는 구절은?

3. 4:18절 → 5:28절 → (   ) 안에 채울 수 있는 구절은?

4. 사도들이 합당하게 여긴 것이 무엇인지 말하고 있는 두 구절은?

사도행전 | 6장

1. 초대교회에 제자의 수가 더 심히 많아졌고 하나님의 말씀은 왕성하였습니다. 일곱 집사와 사도들의 여기에서 사역이 각각 무엇인지 말해주고 있는 구절은?

2. 초대교회 복음이 전파되면서 더불어 핍박이 함께 나타났습니다. 스데반 집사에대하여 모함하던 내용이 무엇인지 나타나는 구절들은?

사도행전 | 7장

1. 스데반 집사의 설교속에서 하나님의 구속의 역사를 증거하고 있습니다. 구속 역사의 등장하는 인물로 시대를 구분하고 있는 자들이 누구인지 시작하는 구절들은?

2. 유대인들은 아브라함과 요셉의 자손으로 여겼고, 모세는 율법의 전수자요 출애굽의 지도자로서 우상시 할 만큼 존경했었습니다. 그런데 정작 유대인들이 율법의 정신을 깨닫지 못했음을 말해주고 있는 구절들은?

3. 스데반 집사의 순교를 통하여 또 한 사람이 등장하게 되는데 이를 소개하고 있는 구절은?

사도행전 | 8장

1. 스데반 집사의 순교로 핍박은 거세지고 초대교회는 흩어지게 됩니다. 이것은 주님의 섭리를 복음이 전파되는 계기가 되는데 이것을 말해주고 있는 구절은?

2. 복음이 전파된 사마리아 성에 일어난 역사로 어떤 결과가 나타났는지 표현해 주고 있는 구절은?

3. 마술사 시몬이 베드로와 요한에게 요구한 것이 무엇인지 가르쳐 주고 있는 구절은?

4. 빌립을 이끌어 복음을 전하게 하신 분이 누구인지 말해주고 있는 구절들은?

사도행전 | 9장

1. 교회를 핍박하는 사울에게 주님은 자신이 받는 고난으로 여기셨음을 보여주는 구절들은?

2. 사울이 본 환상은 주님께서 보여주신 것입니다. 이것을 말해주고 있는 구절들은?

3. 주님께서 사울을 택하신 이유를 가르쳐 주고 있는 구절들은?

4. 1~8절 말씀과 같이 복음이 예루살렘과 온 유대와 사마리아와 또 땅 끝까지 전파되어 가고 있음을 보여주고 있는 구절은?

5. 복음이 전파되는 곳에 치유의 역사들이 일어나는데 애니아의 치유와 다비다의 살아남에 대한 결과가 무엇인지 각각 말해주고 있는 구절들은?

사도행전 | 10장

1. 이방인 고넬료에게 복음이 전파되고 성령이 임하게 되는데 이 모든 일에 성령의 주장하심이 나타나는 구절들은?

2. 15절 말씀을 해석해 주고 있는 구절은?

3. 하나님께서 택하시고 부르시는 이들은 어떤 자들인지 가르쳐 주고 있는 구절은?

4. 34, 35절을 증거해 주고 있는 구절은?

사도행전 | 11장

1. 베드로가 이방인들에게 성령이 임할 때의 모습을 설명하고 있습니다. 오순절 성령 강림의 역사가 이방인들에게도 일어났습니다. 성령이 임하였다고 하는 것이 무엇을 의미하는 것입니까? 이것을 말해주고 있는 구절은?

2. 흩어진 그리스도인들이 복음을 전하였고 믿는 사람들이 날마다 더하여 졌습니다. 예수를 믿는 이들을 불렀던 명칭이 무엇인지 나타는 구절은?

사도행전 | 12장

1. 야고보는 순교를 당하고 베드로는 잡히는 핍박이 계속되고 있었습니다. 이때 초대교회는 무엇을 했는지 나타나는 구절들은?

2. 주님께서 천사들을 통하여 옥에서 베드로를 이끌어 내신 날이 언제인지 가르쳐주고 있는 구절은?

3. 초대교회를 핍박하던 헤롯은 하나님의 심판을 받고 허무하게 죽고 맙니다. 이러한 가운데 복음이 어떻게 되었는지 보여주는 구절은?

사도행전 | 13장

1. 바울과 바나바의 전도여행이 시작됩니다. 전도여행을 주도하신 분이 누구인지 말해주고 있는 구절들은?

2. 택한 이스라엘 민족에게 하나님이 약속하신 것을 이루셨음을 말해주는 구절들은?

3. 약속하신대로 죽음에서 살리신 예수님을 믿음으로 얻게 되는 것이 무엇인지 가르쳐주고 있는 두 구절은?

4. 이방인들에게도 복음이 전파되면서 구원의 역사가 일어나는데 구원의 원리가 무엇인지 나타나는 구절은?

사도행전 | 14장

1. 사도들이 복음을 전할 때 표적과 기사를 행하게 하신 이유가 무엇인지 말해주고 있는 구절은?

2. 바울과 바나바에게 제우스신이라 하고 또 헬라 신으로 신탁을 전달하는 헤르메스라고 하여 제사하고자 하였습니다. 루스드라 사람들이 알지 못하던 하나님이 어떤 분인지 소개하고 있는 구절은?

3. 제1차 전도여행의 보고에서 모든 행적을 보고한 내용이 무엇인지 말해주

고 있는 구절은?

사도행전 | 15장

1. 모세의 율법대로 할례를 통하여 구원을 받는 것이 아니라 은혜로 받은 것임을 증거해 주고 있는 구절은?

2. 이방인들도 하나님이 택하시고 구원하심을 증거해 주고 있는 구절들은?

사도행전 | 16장

1. 제2차 전도여행의 계획을 세우고 출발했지만 전도여행의 경로를 정하시고 인도하시는 분이 누구인지 나타나는 두 구절은?

2. 바울과 실라가 누구이며 무엇을 하는 자인지 증거해 주고 있는 구절은?

3. 바울과 실라가 상황을 초월하여 하나님을 찬양하고 바라봅니다. 또 일어난 상황을 초월하여 하나님의 뜻을 이룹니다. 이것이 나타나는 구절은?

4. 로마 정부는 식민지의 종교를 허락했으나 전도하는 것은 허락하지 않았습니다. 그런데 빌립보는 로마의 식민지였고 바울이 잡힌 이유는 12절이었습니다. 더욱이 로마사람을 재판 없이 태형을 처하는 것은 불법으로 처형을 당할 수도 있습니다. 바울을 택하여 빌립보로 인도하신 이유를 알 수 있는 구절은?

사도행전 | 17장

1. 성령께서는 아시아로 가고자 하던 바울의 일행을 유럽으로 인도하여 마게도냐 지방의 중심지인 데살로니가로 가게 하셨습니다. 데살로니가에서 전

한 복음의 내용이 무엇인지 나타나는 구절은?

2. 복음을 받는 베뢰아 사람들의 모습을 가르쳐주고 있는 구절은?

3. 바울은 에피쿠르스 학파와 스토아 학파가 있던 아덴에서 사변적 논쟁과 철학적 변론으로 복음을 전하게 됩니다. 그러나 아덴은 사변적이고 탁상공론식의 종교성을 가지고 있었습니다. 아덴 사람들의 특징을 보여주는 구절들은?

사도행전 | 18장

1. 2차 전도여행의 끝인 고린도에 이르게 됩니다. 이곳은 고린토스라는 지역으로 영적, 도덕적으로 부패되어 있던 곳입니다. 이곳에서 하나님은 바울에게 새로운 영적 충전을 주시는데 이것이 나타나는 구절은?

2. 바울이 복음을 위해 나실인과 같이 서원했음을 보여주는 구절은?

3. 이방인 중에도 성숙한 신앙인들이 나타나기 시작합니다. 그러나 아볼로가 성령에 대하여 알지 못하였음을 가르쳐 주고 있는 구절은?

사도행전 | 19장

1. 에베소의 제자들은 요한의 세례만 알았습니다. 이윽고 성령의 세례를 받게 되는데 성령의 임하심을 가능케 한 것은 무엇인지 말해주고 있는 구절은?
2. 바울에게서 나타나는 이적과 기사를 행하시는 분이 누구인지 가르쳐 주고 있는 구절은?

3. 스게와의 아들들의 사건을 통해 나타난 결과가 나타나는 구절들은?

4. 에베소의 아데미 여신을 섬기던 이들이 바울을 잡은 이유를 말하고 있는 구절들은?

사도행전 | 20장

1. 바울의 고별 연설 중에 가르치고 전하였던 복음의 내용이 무엇인지 나타나는 구절들은?

2. 사도 바울의 사명이 무엇인지 말해주고 있는 구절은?

3. 환란과 핍박 속에도 성도들의 믿음을 굳세게 할 것이 무엇인지 말해주고 있는 구절은?

사도행전 | 21장

1. 하나님께서 예루살렘에서 잡힐 것을 가르쳐주신 구절들은?

2. 잡힐 것을 가르쳐주신 것이 예루살렘으로 가지 말라는 하나님의 뜻일까요? 바울과 일행들이 깨달은 하나님의 뜻은 무엇이었는지 나타나는 구절들은?

3. 유대인들이 바울 잡는 것을 막기 위하여 18:18절과 같은 결례를 행하게 합니다. 이것이 나타나는 구절은?

4. 바울이 성전에서 유대인들에게 붙잡히게 된 이유가 무엇인지 가르쳐주고

있는 구절은?

사도행전 | 22장

1. 회심하기전 바울이 열심을 가졌던 믿음이 무엇인지 말하고 있는 구절은?

2. 다메섹 도상에서 예수님을 만난 바울이 "주여 뉘시나이까", "주여 무엇을 하리이까."라고 질문합니다. 10절의 "주여 무엇을 하리이까"에 대한 주님의 뜻이 무엇인지 가르쳐주고 있는 구절은?

3. 예루살렘 성전에서 기도하는 중에 받은 사명은 무엇인지 나타나는 구절은?

4. 로마시민권을 얻을 수 있는 것은 공적을 인정받는 것과 두 가지가 더 있는데 이것을 말해주고 있는 구절은?

사도행전 | 23장

1. 그리스도인들을 핍박하던 산헤드린 공회 앞에서 바울은 기지를 펼쳐 위기를 면하게 되는데 바리새인들과 사두개인들의 다른 교리를 사용합니다. 이 교리가 무엇인지 말해주고 있는 구절은?

2. 바울 사도는 사명을 받은 자입니다. 사명을 이루기까지 하나님이 함께 하시고 지키시고 보호하실 것입니다. 19:21절, 22:18,21절과 연결되는 말씀은 몇 구절입니까?

3. 유대인들과의 논쟁은 바울을 로마로 가게 하는 방편이 되는데 살해의 위험과 천부장의 과시 이 모든 것들이 선하게 작용되고 있음을 알 수 있습니다. 유대인들의 70km나 쫓아왔음을 가르쳐 주고 있는 구절은?

사도행전 | 24장

1. 유대인들이 거짓됨으로 바울을 고소하는 내용이 나타나는 구절들은?

2. 사도 바울이 자신의 믿음 뿐만 아니라 회당과 성중에서 전한 것이 무엇인지 말해주고 있는 구절들은?

3. 벨릭스가 사도 바울을 잡아둔 이유가 무엇인지 가르쳐주고 있는 구절들은?

사도행전 | 25장

1. 벨릭스 총독의 후임으로 베스도가 부임하지만 베스도도 유대인들의 호감을 얻으려고 합니다. 이것을 말해주고 있는 구절은?

2. 총독 베스도가 바울의 죄명이 분명치 못하여 고민하고 있음을 보여주고 있는 구절들은?

사도행전 | 26장

1. 사도 바울이 아그립바왕에게 자신의 믿음을 변론하면서 유대인들과 같은 믿음의 연속성 속에 있음을 말해주고 있는 구절들은?

2. 주님께서 사도 바울을 부르시고 맡기신 사명이 무엇인지 가르쳐주고 있는 구절은?

3. 복음을 전하고 믿음을 호소하는 사도 바울의 간절함이 나타나는 구절은?

사도행전 | 27장

1. 사도 바울이 유라굴로라는 광풍 속에서도 평안을 유지할 수 있었던 이유를 말해주고 있는 세 구절은?

2. 사도 바울에게는 사명과 하나님의 계획과 목적이 있었습니다. 이것을 위해 하나님은 끝까지 인도, 보호, 함께하심을 알 수 있는 구절은?

3. 하나님은 사도 바울에게 선견적인 계시를 통하여 앞으로 이루어질 일을 가르쳐 주셨습니다. 그러나 처음에 백부장과 선주를 비롯한 많은 사람들은 믿지 못하였습니다. 그러나 후에는 사도 바울의 말을 믿게 되는데 이것을 가르쳐주는 구절은?

사도행전 | 28장

1. 하나님은 멜리데 섬에서 사도 바울을 높이고 복음을 전하게 하는데 그 이적의 내용이 나타나는 구절들은?

2. 사도 바울이 로마에서 유대인들에게 전한 복음의 내용이 무엇인지 가르쳐 주고 있는 구절은?

3. 사도 바울이 로마에 도착한 A.D 61년부터 67년 순교하기 까지 복음을 전하게 되는데 가이사에게 호소하였으나 2년이 지나서 구류에서 석방되어 복음을 전하게 됩니다. 이것을 말해주고 있는 구절은?

06 | 로마서

로마서 핵심 커멘트 | 하나님의 의로 세워지는 하나님의 나라

모든 인간은 죄인으로 하나님과의 관계가 단절되었다. 죄로부터 구원을 받아 하나님의 의를 회복하지 않으면 하나님과의 관계 회복은 불가능하다. 이에 하나님의 어린양 독생자를 보내셔서 희생제물을 삼으심으로 은혜를 베푸셨고 성도들은 한없는 선물로 인해 하나님의 의를 회복하고 하나님과의 관계가 정상화되었다. 그러므로 하나님이 선하시고 기뻐하시고 온전하신 뜻을 분별하며 오직 마음을 새롭게 하는 영적 예배로 하나님의 나라를 이루는 것이다.

로마서 | 1장

1. 사도 바울이 전하고자 하는 복음의 핵심 내용이 무엇인지 말해주고 있는 구절들은?

2. 로마서는 사도 바울이 로마에서 전도 사역을 기록한 것이 아니고 로마에 편지한 내용입니다. 이것을 알 수 있는 구절은?

3. 사도 바울이 말하고 있는「복음」의 능력이 무엇인지 가르쳐 주고 있는 두 구절은?

4. 하나님을 알 수 있는 것은 자연계시와 특별계시인데 자연만물을 보고 인간이나 역사를 보면서 신 의식을 가질 수 있습니다. 그러나 그 '신' 이 여호와 하나님은 아닙니다. 이러한 신 의식이 있어도 인간은 타락하여 죄악에 빠지고 심판 받을 수밖에 없습니다. 이러한 내용이 나타나는 부분은 몇 절부

터 몇 절까지 입니까?

로마서 | 2장

1. 6절의 '각 사람에게 그 행한 대로 보응하시되' 에서 '행' 하는 것이 무엇인지 가르쳐 주고 있는 구절들은?

2. 11절의 말씀에 '외모' 란, 무엇을 말하는 것인지 나타나고 있는 구절들은?

3. '의인' 이 어떤 자인지 말해주고 있는 구절은?

4. 복음을 받은 이방인들에게 율법이 되는 것이 있습니다. 이것을 말하고 있는 구절들은?

5. 할례가 요구하는 것이 무엇인지 가르쳐 주고 있는 구절은?

로마서 | 3장

1. 인간이 죄의 보편성과 전적인 부패성을 가진 존재임을 말하고 있는 구절들은?

2. 율법의 목적이 무엇인지 가르쳐 주고 있는 구절은?

3. 율법이 아닌 새로운 의와 그 근거가 무엇인지 나타나는 구절은?

4. 새로운 의를 신앙하는 방법이 무엇인지 말하고 있는 구절들은?

5. 새로운 의를 믿음으로 이루고자 하는 것이 무엇인지 가르쳐 주고 있는 구절은?

로마서 | 4장

1. 아브라함 때도 언약이 있었습니다. 그러나 '의롭다' 함을 받은 것은 무엇 때문인지 말하고 있는 구절들은?

2. 진정으로 복된 자가 누구인지 말해주고 있는 구절들은?

3. 아브라함이 믿음의 조상이 되는 이유를 말해주고 있는 구절들은?

4. '믿음으로 의롭게 되는 것' 을 포함시키는 대상은 어디까지 인지 가르쳐 주고 있는 구절은?

5. '믿음' 은 무엇을 믿는 것입니까? 믿음의 내용이 나타나는 구절은?

로마서 | 5장

1. 하나님과 화평을 이룰 수 있는 이유는 무엇일까요? 본 장에서 사랑을 베푸신 때가 언제인지 알려주고 있는 구절들은?

2. 율법이 없던 때에도 죄의 삯인 사망이 있었음을 가르쳐 주고 아담이 예표하는 것이 무엇인지 나타나고 있는 구절은?

3. 한 사람의 불순종과 순종의 관계를 설명해주고 있는 구절은?

4. 은혜의 선물로 주시는 것이 무엇인지 말해주고 있는 구절은?

로마서 | 6장

1. 성도가 예수 그리스도와 연합한 것이 무엇인지 말해주고 있는 구절들은?

2. 예수 그리스도와 연합하였다는 것은 죄에 대하여 죽고 의에 대하여 살았음을 말하는 것인데 이것을 가르쳐 주고 있는 구절들은?

3. 순종할 수 있는 두 가지가 무엇인지 나타나는 구절들은?

4. 죄의 결과, 은혜의 결과가 무엇인지 말해주고 있는 세 구절은?

로마서 | 7장

1. 예수 그리스도의 죽으심과 부활하심의 의미가 무엇인지 가르쳐주고 있는 구절은?

2. 율법의 작용이 무엇인지 말해주고 있는 구절들은?

3. 죄는 율법을 사용하여 우리를 죽을 수밖에 없는 죄인이 되게 하였습니다. 그렇다고 율법이 악한 것은 아닙니다. 악을 행하는 것이 무엇인지 나타나고 있는 구절들은?

4. 원하는 선을 행하지 못하고 원하지 않는 악을 행하는 것에서 해방하여 자유케 할 수 있는 것이 무엇인지 가르쳐주고 있는 구절은?

로마서 | 8장

1. 마음으로는 하나님의 법을 그러나 육신은 죄의 법을 따르려고 하여 자주 실패하게 됩니다. 그럼에도 정죄를 두려워하지 않아도 되는 이유를 말해 주고 있는 구절은?

2. 하나님이 아들을 육신으로 보내신 이유가 나타나고 있는 구절은?

3. 1절의 정죄함이 없는 모습이 어떤 모습인지 가르쳐 주고 있는 구절은?

4. 9절을 설명해 주고 있는 부분은?

5. 피조물이 고대하고 바라던 것이 무엇인지 말해주고 있는 구절은?

6. 하나님이 우리를 먼저 선택하셨음을 말하고 있는 세 구절은?

7. 성도와 그리스도 그리고 하나님과의 사랑의 관계를 설명해주고 있는 구절들은?

로마서 | 9장

1. 출애굽기 32:32절과 같이 사도 바울의 간절함이 나타나는 구절은?

2. 참된 이스라엘, 참된 이스라엘의 씨, 참된 하나님의 자녀가 누구인지 가르쳐 주고 있는 구절은?

3. 하나님의 택하심을 받는 자격이 무엇인지 말해 주고 있는 구절은?

4. 하나님의 전적인 사랑과 주권에 의해 택함 받음을 말하고 있는 구절들은?

5. 이방인들이 참된 이스라엘이 되고 의인이 될 수 있는 것은 무엇 때문인지 나타나고 있는 구절은?

로마서 | 10장

1. 그리스도는 율법의 마침이 되셨습니다. 율법의 마침이 되었음을 설명해 주고 있는 구절은?

2. 구원이 만민에게 이루어짐을 말해주고 있는 구절들은?

3. 이스라엘이 복음에 대하여 알지 못하였습니까? 아닙니다. 알고 있었으면서도 그리스도를 믿지 못하는 이유는 무엇 때문인지 말하고 있는 구절들은?

로마서 | 11장

1. 이스라엘이 하나님을 버리고 제사장들과 선지자들을 핍박하였습니다. 엘리야가 이 사실을 하나님께 송사하였습니다. 그러나 이스라엘 중에도 택함 받은 참된 선민이 참된 이스라엘을 이어나갈 것임을 말해주는 두 구절은?

2. 이방인의 구원은 참된 이스라엘과 아브라함의 씨에서 시작된 것임을 표현해주고 있는 구절들은?

3. 부분적으로 이스라엘의 완악함은 무엇 때문인지 말해주고 있는 구절들은?

4. 부분적 이스라엘의 완악함과 이방인의 구원이 하나님의 계획과 섭리에 따른 것임을 가르쳐주고 있는 구절들은?

로마서 | 12장

1. '구원받는 모든 사람은 하나님께 거룩한 산제사' 영적 예배를 드리기 위해 무엇을 해야 하는지 가르쳐 주고 있는 구절은?

2. 구원받은 성도들의 공동체는 각각의 은사에 따라 하나가 되어야 함을 말하고 있습니다. 교회를 표현하고 있는 두 구절은?

3. 구원받은 성도로서 이웃과의 관계에서 중심이 되는 구절은?

로마서 | 13장

1. 권세자들도 하나님이 세우셨으니 복종할 것을 말씀하십니다. 관원들에게 권세를 준 이유가 무엇인지 가르쳐 주는 두 구절은?

2. 마태복음 22:34~40절의 말씀과 같이 율법의 완성이 되는 것이 무엇인지 나타나는 구절들은?

3. 그리스도의 덕목을 의미해주고 있는 구절은?

로마서 | 14장

1. 믿음이 연약해도 주를 위하여 사는 것입니다. 구원받은 성도의 삶의 목적이 되게 하셨음을 말해주는 구절들은?

2. 믿음이 연약한 것의 기준이 되는 것으로 표현해주고 있는 구절들은?

3. 하나님의 나라에서 중요한 것이 무엇인지 말해주고 있는 구절들은?

로마서 | 15장

1. 믿음이 강한자가 연약한 자를 본 받아야하는 목적을 말하고 있는 구절은?

2. 믿음의 강한자가 연약한 자를 마땅히 받아야 하는 이유를 가르쳐 주고 있는 구절은?

3. 사도 바울이 받은 하나님의 은혜가 무엇인지 설명해주고 있는 구절은?

4. 사도 바울이 자랑하는 것은 무엇입니까? 이것이 나타나는 구절은?

5. 예루살렘과 이방인들이 하나의 교회임을 말하고 있는 구절은?

로마서 | 16장

1. 바울이 교회에게 경계할 것을 가르쳐주고 있는 두 구절은?

2. 1:1절과 1:16절의 '복음' 에 대하여 설명하고 있는 두 구절은?

07 - 1 | 고린도 전서

고린도전, 후서 핵심 커멘트 | 사랑으로 세워지는 하나님의 나라

초대교회의 대표적인 고린도교회는 안타깝게도 많은 문제들이 있었다. 고린도전서는 그 문제들을 나열하듯이 거론한다. 그 많은 문제들을 해결할 수 있는 것은 무엇일까? 성경은 '사랑' 이라고 말한다. 사랑이 있었으면 문제가 발생하지 않았고 문제가 발생했더라도 곧 해결되었을 것이다. 즉 '사랑' 은 하나님의 나라를 세워가는 중요한 요소인 것이다. 후서에서는 사도권을 의심하는 사람들에게 사랑으로 호소하며 주님께 충성하고 믿음 안에서 성장할 수 있기를 간절히 바랐다.

고린도 전서 | 1장

1. 이 편지의 수신자들이 누구인지 가르쳐주고 있는 구절은?

2. 고린도 교회에 분쟁이 일어났습니다. 분쟁의 원인이 무엇인지 말해주고 있는 구절은?

3. 하나님의 지혜와 능력으로 구원케하시기 위하여 사용하시는 방법이 무엇인지 나타내고 있는 것은?

4. 하나님의 탁월하신 지혜와 선택하심에 따라 구원받았음을 증거로 표현해주고 있는 구절들은?

고린도 전서 | 2장

1. 사도 바울이 복음을 전할 때 오직 예수 그리스도와 십자가만을 증거한 이유를 말하고 있는 구절들은?

2. 믿음은 사람의 지혜에 있지 않고 하나님의 능력으로 주시는 은혜입니다. 그런데 '하나님의 능력'이 무엇인지 나타나고 있는 구절들은?

고린도 전서 | 3장

1. 고린도 교회의 신앙의 성숙도에 대하여 무엇이라고 말하고 있는지 나타나는 세 구절들은?

2. 사도 바울이 선교지인 고린도 교회를 무엇이라고 표현하고 있는지 말해주고 있는 구절은?

3. 사도 바울이 고린도 교회를 세우기 위해 터를 닦아 두었는데 그 터가 무엇인지 가르쳐 주고 있는 구절은?

4. 교회란 무엇입니까? 교회에 대하여 정의하고 있는 두 구절은?

5. 분쟁이 일어나던 고린도 교회에게 세계를 통찰할 수 있는 지혜를 가르칩니다. 교회의 상관관계를 성명해 주고 있는 구절들은?

고린도 전서 | 4장

1. 맡은 자들은 다만 충성하면 됩니다. 누구도 판단할 수 없고 자신도 판단할 필요가 없습니다. 오직 판단하실 분이 있음을 알아야 합니다. 이것을 말해

주고 있는 구절들은?

2. 사도들은 하나님의 사역자로 비천함을 당하더라도 교회가 존귀케 되기를 원하고 있습니다. 사도의 권고하는 간절한 마음을 표현해 주고 있는 구절들은?

고린도 전서 | 5장

1. 구약의 유월절은 출애굽이 있었고 신약의 유월절은 예수 그리스도께서 십자가에 달리시고 죽으신 날입니다. 악에서 해방시키시고 건져내어 구원하고자 한 구속의 역사인데 누룩과 같은 죄악을 버려야하는 이유를 말하고 있는 구절은?

2. 사도 바울이 징계하고 권징하여 거룩케 할 자들이 누구인지 가르쳐 주고 있는 구절들은?

고린도 전서 | 6장

1. 교우들 안에서 송사할 일이 있을 때 성도들이 서로에게 갖게 해야 하는 관계성이 무엇인지 가르쳐주고 있는 구절은?

2. 음행의 죄를 버리고 몸을 거룩하게 지켜야 하는 이유를 말해주고 있는 구절들은?

3. 3:16~17절과 같은 의미로 말하고 있는 구절은?

고린도 전서 | 7장

1. 결혼을 하는 것이나 독신을 하는 것이나 모두 영적인 것입니다. 결혼은 하나님이 제정하신 창조질서이기 때문입니다. 다만 어떠하든지 자유로 하되 주님의 뜻을 따르고 섬겨야 함을 말해주고 있는 구절들은?

고린도 전서 | 8장

1. 우상의 제물을 먹는 것은 우상을 인정하는 것이 됩니다. 그러나 우상의 제물에 대한 바른 지식을 가지고 있는 자는 먹어도 되고 먹지 않아도 된다는 것을 압니다. 이것을 가르쳐 주는 구절은?

2. 우상의 제물을 먹어도 되고 안 먹어도 되는 것인데 이 기준은 지식이 아니라 약한 형제에 대한 사랑입니다. 이것이 나타나고 있는 구절들은?

3. 해도 되고 안 해도 될 때 기준으로 삼아야 하는 것이 무엇인지 말해주고 있는 구절들은?

고린도 전서 | 9장

1. 일꾼이 삯을 받는 것은 마땅한 것입니다. 그러나 사도 바울은 자비량으로 하였고 그 권리를 찾으려 하지 않았습니다. 그 이유를 설명해 주고 있는 구절은?

2. 사도 바울이 복음 전도자가 된 것이 무엇 때문인지 말해주고 있는 구절들은?

3. 사도 바울이 복음을 위하여 행한 모든 것은 더 많은 사람의 구원을 위한 것

입니다. 이것이 나타나고 있는 구절들은?

고린도 전서 | 10장

1. 이스라엘 백성들을 출애굽 시키시고 광야에서 인도하신 하나님은 오직 하나님만 섬기며 살게하기 위해서입니다. 또한 예수님은 죄악에 갇혀있던 인간을 구원하신 그리스도이십니다. 하나님만 섬겨야 하는 이스라엘 백성들이 우상숭배 하여 멸망을 당한 일을 설명합니다. 그 이유를 가르쳐 주고 있는 구절은?

2. 성도들이 모두 그리스도께 속하였음을 표현해 주고 있는 구절들은?

3. 연약한 성도들을 위해 갖게 해야 하는 태도가 무엇인지 6:12절, 8:9절에서 가르쳐줍니다. 이와 같은 내용이 나타나는 구절들은?

고린도 전서 | 11장

1. 사도 바울은 고린도 교회의 질서를 위해 유전을 가르쳤습니다. 그러나 남자와 여자의 존재는 동일한 것입니다. 이것을 말해주고 있는 두 구절은?

2. 성찬과 애찬을 나누기 위해 모인 자리에서 분열이 생기고 가난한 자들을 돌아보지 않는 일이 생겼습니다. 사도는 성찬의 의미를 가르치며 자신을 먼저 돌아보라고 말하고 있습니다. 성찬의 의미를 가르쳐주고 있는 세 구절은?

고린도 전서 | 12장

1. 예수님은 그리스도로, 주로 고백할 수 있는 것은 무엇 때문인지 말하고 있는 구절은?

2. 은사와 직임과 역사를 모두 하나님이 주시는 것인데 이 모든 것을 행하시는 주체를 가르쳐 주고 있는 구절들은?

3. 다양한 은사는 서로의 부족한 것을 채울 수 있도록 공동체에게 각각 주신 것들입니다. 그러므로 모든 은사가 하나가 되어야 한 몸된 교회를 이룰 수 있습니다. 이것을 말하고 있는 구절들은?

고린도 전서 | 13장

1. 12장에서 성령의 은사에 대하여 말씀하셨는데 더욱 큰 은사가 있음을 말씀하십니다. 그것은 가장 중요한 은사인 사랑입니다. 사랑의 은사를 사모해야 하는 이유를 가르쳐 주고 있는 구절들은?

고린도 전서 | 14장

1. 방언의 은사는 통역이 없으면 다른 사람들이 알아들을 수 없으므로 자신의 덕을 세우는 것이 되고 남들이 알지 못하는 것을 한다고 신비적인 체험으로 빠질 수 있습니다. 방언하는 자의 바른 자세를 가르쳐 주고 있는 구절들은?

2. 사도는 방언이나 통역이나 예언 등을 행하는 것과 교회 안의 질서를 따라 행하라고 가르칩니다. 그 이유가 무엇인지 말하고 있는 구절은?

고린도 전서 | 15장

1. 육체는 약하고 영혼을 선하다고 생각하는 이들은 육체적 부활을 부정합니다. 그러나 예수 그리스도의 부활은 육체적 부활입니다. 부활의 믿음이 구원 받는 신앙임을 말해주고 있는 구절들은?

2. 부활의 증거를 제시하고 있는 것들은 무엇입니까? 이것이 나타나는 구절들은?

3. 믿음과 복음의 핵심이 부활임을 가르쳐 주고 있는 구절들은?

4. 부활이라는 제도는 하나님이 만드신 것입니다. 예수 그리스도는 우리의 죄값을 대신 치르시기 위해 죽으셨습니다. 그러므로 우리도 함께 죽었습니다. 예수 그리스도의 부활은 곧 죽은 자의 부활과 같은 것임을 말해주는 구절들은?

5. 부활하신 모습(부활체)은 어떤 모습일까요? 여러 가지로 설명하고 묘사합니다. 부활의 형체를 아담과 비유하여 설명해 주고 있는 구절들은?

6. 부활체의 특징이 무엇인지 가르쳐 주고 있는 구절들은?

고린도 전서 | 16장

1. 다툼과 분열이 일어났던 고린도 교회에 사도 바울이 부탁하고 있는 것이 무엇인지 나타나는 구절들은?

07 - 2 | 고린도 후서

고린도 후서 | 1장

1. 살 소망까지도 끊어지는 환난 가운데서도 견디어 낸 것이 무엇 때문인지 말해주고 있는 구절들은?

2. 자랑할 수 있는 것은 무엇 때문입니까? 이것이 나타나고 있는 구절은?

3. 고린도교회로 가지 않은 이유를 말하고 있는 구절은?

고린도 후서 | 2장

1. 편지를 하는 사도의 간절한 마음이 무엇인지 잘 보여주고 있는 구절은?

2. 사도가 고린도교회에 순종할 것을 권면한 것과 사단에게 속지 않게 하려고 한 것이 무엇인지 나타나는 구절들은?

3. 성도는 어떤 존재입니까? 이것을 말하고 있는 구절들은?

고린도 후서 | 3장

1. 당시 교회나 회당이 거짓교사와 구분하기 위해 발행하였던 천거서가 없이도 바울이 사도임을 증명할 수 있는 것은 무엇이라고 말하고 있습니까? 이것이 나타나는 구절들은?

2. 출애굽기 34:27절 이하로 모세가 시내산에서 십계명의 두 돌판을 받아 내려올 때 얼굴에 광채가 나므로 수건으로 가리웠습니다. 그러나 이 광채는 사라질 것이었습니다. 이것으로 모세는 하나님이 함께 하시는 일꾼임을 증거하고 있습니다. 그러나 바울은 사라질 얼굴의 광채가 아닌 것으로 일꾼임을 증거한다고 말합니다. 바울이 받은 직분이 무엇인지 가르쳐 주고 있는 구절들은?

3. 옛 언약은 새 언약인 그리스도에게서 완성이 됩니다. 새 언약의 완성된 모습을 보여주는 두 구절은?

고린도 후서 | 4장

1. 사도 바울이 새 언약의 일꾼, 영의 직분, 의의 직분을 감당하는 자세를 보여주고 있는 부분은 어디입니까?

2. 모세의 얼굴에 광채가 나타났던 것과 계명을 주신 것이 옛 언약의 증거라면 같은 표현으로 새 언약의 증거를 나타내고 있는 구절은?

3. 보배와 질그릇으로 비유된 하나님의 영광, 복음이 약한 인간을 통하여 전파되기를 바라는 목적이 무엇인지 말하고 있는 구절은?

고린도 후서 | 5장

1. 사도 바울로 하여금 하늘로 부터 오는 영원한 집을 사모하게 하신 이가 누구인지 가르쳐 주고 있는 구절은?

2. 사도 바울이 죽음을 두려워하지 않고 주의 일에 힘쓰는 목적이 잘 나타나

있는 구절들은?

3. 화목하게 하는 직책을 맡은 사람들이 어떤 사람인지 말해주고 있는 구절은?

4. 그리스도인들에게 화목의 직책을 주시기 위해 하나님의 행하신 일이 무엇인지 나타나고 있는 구절은?

고린도 후서 | 6장

1. 사도 바울은 고린도교회에게 얼마나 신실하게 사역을 감당하였는지를 말하고 있습니다. 그의 사역하는 자세를 엿볼 수 있는 구절들은?

2. 교회(성도)가 무엇인지 정의해 주고 있는 구절들은?

고린도 후서 | 7장

1. 하나님의 구별된 백성으로서 갖추어야 하는 태도를 권면해 주고 있는 구절은?

2. 바울의 신실함은 고린도교회와의 오해를 풀게 되었습니다. 6:13절과 같은 의미의 내용이 나타나는 구절은?

3. 2:1~4절의 내용이 이루어졌음을 보여주고 있습니다. 고린도교회가 사도 바울의 편지를 받고 근심하게 되었는데 이 근심의 특징이 무엇인지 말해주고 있는 구절들은?

고린도 후서 | 8장

1. 예루살렘교회를 돕기 위해 마게도냐교회가 모범이 되었습니다. 마게도냐 교회가 모범이 된 것이 무엇인지 가르쳐 주고 있는 구절들은?

2. 구제하고 베푸는 것이 은혜입니다. 구제하는 것을 통해 이루고자 하시는 하나님의 뜻이 무엇인지 말해주고 있는 구절들은?

3. 구제헌금의 연보위원들을 보내면서 교회에서 신실하고 칭찬받는 이들을 시험까지 하여 뽑아 보내었습니다. 그 이유를 나타내고 있는 구절들은?

고린도 후서 | 9장

1. 사도 바울이 마게도냐교회의 성도들과 함께 고린도교회로 갈 것인데 준비되지 않은 연보이면 부끄러움을 당하게 될 것이므로 미리 준비시키는 모습을 볼 수 있습니다. 주님께서 원하시는 연보는 어떻게 드려진 것들인지 가르쳐 주고 있는 구절들은?

2. 연보를 할 수 있는 것은 주님의 은혜와 감사의 반응입니다. 구제 연보를 통해 나타나는 것들이 무엇인지 말해주고 있는 구절들은?

고린도 후서 | 10장

1. 바울은 사도의 권위를 비방하는 자들에게 어떤 능력으로 싸우고자 하였는지 나타나는 구절들은?

2. 하나님이 바울에게 주신 권세는 어떤 목적으로 주신 것이라고 말하고 있습니까? 이것을 가르쳐 주고 있는 구절은?

3. 사도 바울에 대하여 비방하는 내용이 무엇인지 말해주고 있는 구절은?

4. 바울은 다음 사역자의 지경에 들어가 자신에 노력의 결과인양 자랑하지 않기로 결심하였습니다. 바울의 선교사역의 기준과 자세를 보여주고 있는 구절들은?

고린도 후서 | 11장

1. 바울의 사도로서 고린도교회에서 어떤 자세를 가지고 사역을 했는지 설명해 주고 있는 구절들은?

2. 사도 바울이 온갖 고난을 겪으면서도 더욱 염려하였던 것이 무엇인지 말하고 있는 구절은?

3. 사도 바울이 어리석은 자와 같이 자랑하겠다고 말합니다. 바울이 정말 자랑하고자 하는 것은 무엇입니까? 이것이 나타나고 있는 구절은?

고린도 후서 | 12장

1. 바울이 육체의 연약함을 자랑할 수 있는 이유를 말해주고 있는 구절들은?

2. 바울이 말하는 자신이 사도인 표는 무엇인지 보여주고 있는 구절들은?

고린도 후서 | 13장

1. 우리가 모두 약하지만 강하여 질 수 있는 비결은 무엇입니까? 이것을 가르쳐주고 있는 구절은?

2. 사도 바울이 고린도교회가 깨닫기를 원하였던 것이 무엇인지 말해주고 있는 구절들은?

08 | 갈라디아서

갈라디아서 핵심 커멘트 | 자유의 복음으로 세워지는 하나님의 나라

바울의 1차 전도여행의 1통뿐인 편지로 그리스도는 우리를 율법을 넘어 복음으로 죄에서 자유롭게 하셨다. 율법은 하나님과 우리 관계를 회복시킬 수 없다. 오직 죄에서 구원받은 복음만을 통해 하나님과 교제할 수 있다. 이 복음은 그리스도이시며 이제 죄에서 자유롭게 하셨으니 그리스도를 주인으로 섬겨 성령을 따라 사는 새로운 삶을 살 수 있게 되었다. 그러므로 옛 사람을 벗어버리고 새 사람을 입어 새로운 하나님의 나라를 이루어야 한다.

갈라디아서 | 1장

1. 사도 바울이 전하고 있는 예수님의 죽으심의 의미가 나타나는 구절은?

2. 갈라디아교회가 책망 받는 이유가 무엇인지 나타나는 구절들은?

3. 바울이 받은 복음의 경위를 설명해 주고 있는 구절들은?

갈라디아서 | 2장

1. 사도 바울의 사도권이 하나님의 주권적 섭리였음을 말해주고 있는 구절들은?

2. 사도 바울이 게바에게 공개적으로 반박한 것이 무엇 때문인지 나타나는 구절들은?

3. '예수 그리스도를 믿음으로 의롭다 함을 얻는다' 는 의미가 무엇인지 가르쳐주고 있는 구절들은?

갈라디아서 | 3장

1. 의롭다 함을 받고 또한 성령을 받는 것은 무엇으로 됩니까? 이것을 가르쳐 주고 있는 구절들은?

2. 율법의 유효는 언제까지인지 나타나는 구절들은?

3. 믿음으로 성도들이 얻게 된 지위와 관계성을 설명해 주고 있는 구절은?

갈라디아서 | 4장

1. 하나님은 아들을 보내셔서 이루고자 하신 것이 무엇인지 가르쳐 주고 있는 구절들은?

2. 사도 바울의 사역의 목적이 나타나는 구절은?

3. 아브라함 가정에 있던 역사적 사건을 비유로 설명하고자 하는 것이 무엇인지 말해주는 구절은?

갈라디아서 | 5장

1. 주님께서 우리에게 주고자 하신 것이 무엇인지 가르쳐주고 있는 구절은?

2. 우리가 의롭게 되고 자유케 되기 위해 필요한 것이 무엇인지 말해주고 있는 구절은?

3. 예수 그리스도의 십자가에 함께 못 박은 것을 가르쳐 주고 있는 구절은?

4. 율법에 매여 있던 육신은 예수 그리스도 안에서 자유함을 얻었습니다. 예수 그리스도 안에서 따라야 할 것이 무엇입니까? 이것을 말해주고 있는 구절들은?

갈라디아서 | 6장

1. 자신이 거둘 것을 위해 심어야 합니다. 성도들이 거두어야 할 것이 무엇이며 심어야 할 것이 무엇인지 말해주고 있는 구절은?

2. 십자가는 세상에서 가장 연약함이 크게 나타났던 장소였습니다. 그런데 사도 바울이 그 연약함을 자랑하고 있는 구절은?

09 | 에베소서

에베소서 핵심 커멘트 | 차별과 구별 없이 하나 되는 하나님의 나라

그리스도 안에서 차별과 구별이 없이 모든 성도들은 하나가 됨으로 이를 지키고 유지하는 것이 교회이다. 이것을 위해 성령께서 각 양 은사들을 주셔서 교회 공동체를 세워가도록 하셨고 오직 빛의 자녀로 살기위해 그리스도의 능력을 구하고 전신갑주를 입으라고 하신다.

에베소서 | 1장

1. 하늘의 신령한 복을 받을 수 있는 조건을 말해주고 있는 구절들은?

2. 교회와 그리스도와의 관계를 설명해 주고 있는 구절들은?

에베소서 | 2장

1. '세상' 이 무엇인지 알 수 있는 구절은?

2. 구속의 역사에서 하나님과 예수님과 성도들의 관계성을 말해주고 있는 세 구절은?

3. 구원은 하나님의 선물입니다. 우리의 노력으로 얻을 수 있는 것이 아닙니다. 구원이 하나님의 경륜에 따라 예비되었음을 가르쳐주고 있는 구절은?

4. 하나님과 원수 되었던 죄인들을 그리스도의 죄로 구원하셔서 '한 몸' 을 이루셨습니다. '한 몸' 을 의미하는 표현들이 나타나는 구절들은?

에베소서 | 3장

1. 이방인들이 예수 안에 함께 지체가 되고 참여하는 자가 될 수 있는 것은 무엇을 통하여 이루어진 것입니까? 이것을 가르쳐 주고 있는 구절은?

2. 바울을 이방인의 사도로 부르신 이유에 대하여 말하고 있는 구절들은?

3. 에베소 교회를 향한 사도 바울의 기도에서 영광의 풍성, 속사람의 강건, 넘치는 그리스도의 사랑 등을 알고 하나님의 충만하심을 누리기 위해 필요한 것이 무엇인지 나타나는 구절은?

에베소서 | 4장

1. 교회를 하나 되게 하신 분이 누구인지 나타내고 있는 구절은?

2. 교회가 하나가 되어야 하는 이유로 성부 하나님에 대하여 설명하고 있는 구절은?

3. 교회를 의미하는 또 다른 표현들이 나타나는 구절들은?

4. 그리스도인을 지칭하는 새로운 표현이 나타나는 구절은?

5. 서로 용서하고 덕을 세워야 하며 거짓을 버리고 참된 말을 해야 하는 이유를 말하고 있는 구절은?

에베소서 | 5장

1. '사랑을 입은 자녀 같이', '그리스도께서 너희를 사랑하신 것 같이' 라고

하는 구체적 내용을 말해주고 있는 구절은?

2. 성도들을 일컫는 또 다른 표현이 나타나는 구절은?

3. 남편은 아내를 사랑하고 아내는 남편에게 복종하라는 것으로 그리스도와 교회의 관계를 설명합니다. 이와 같이 말씀하시는 이유로 말해주고 있는 구절은?

에베소서 | 6장

1. 하나님은 사람을 외모로 취하지 않으십니다. 그러면 어떻게 받았는지 가르쳐주고 있는 구절은?

2. 우리의 싸움의 대상이 누구인지 나타나고 있는 구절들은?

10 | 빌립보서

빌립보서 핵심 커멘트 | 겸손으로 하나 되는 하나님의 나라

하나님께서 인간의 모습으로 육신을 입고 임하셨고, 예수님은 하나님의 아들이심에도 구유에서 나셨으며 이 세상에는 머리 둘 곳이 없으셨다. 이것은 분리된 하나님의 백성들과 관계를 회복하고 구원의 역사를 이루기 위해 겸손히 하나 되신 모습이다. 이 겸손은 성도들 개인과 그리스도가 하나가 되게 하고, 성도들이 서로 하나 되기 위해 절대적으로 필요한 것이다. 하나님의 은혜로 '교회' 가 되었으므로 서로 겸손하여 하나가 되어야 한다.

빌립보서 | 1장

1. 빌립보 교회를 위하여 기도하는 내용 중에 사도 바울이 간절한 마음을 잘 보여주는 구절은?

2. 빌립보 교회에 편지하는 바울이 투옥되어 있음을 알 수 있는 구절들은?

3. 사도 바울의 고백 속에서 삶의 목적을 말해주고 있는 구절들은?

빌립보서 | 2장

1. 마음을 같이하여 한마음을 품으라고 하였는데 그 마음이 무엇인지 가르쳐 주고 있는 구절은?

2. 우리의 소원의 근거가 무엇인지 말하고 있는 구절은?

3. 하나님의 기쁘신 뜻을 바울에게 소원으로 주셨음을 보여주는 두 구절은?

4. 하나님의 기쁘신 뜻을 깨달은 에바브로디도의 충성스런 모습을 말해주고 있는 구절들은?

빌립보서 | 3장

1. 참된 할례는 어떤 것인지 나타나는 구절은?

2. 바울이 모든 것을 해로 여길 수 있었던 것은 의의 비밀을 깨달았기 때문입니다. 의의 비밀을 말해주고 있는 구절은?

3. 사도 바울이 잡고자 하는 푯대와 부름의 상이 무엇인지 가르쳐 주고 있는 구절은?

빌립보서 | 4장

1. 기도와 간구, 감사함으로 아뢸 때 얻게 되는 것이 무엇인지 나타나는 구절은?

2. 능력 주시는 자 안에서 모든 것을 할 수 있지만 또한 빌립보 교회에게 감사한 것은 어려울 때 함께 하였기 때문입니다. 이것을 보여주는 구절들은?

11 | 골로새서

골로새서 핵심 커멘트 | **하나님의 나라인 몸 된 교회**

성령을 통해 구원받은 백성들의 공동체인 그리스도의 몸 된 교회를 세웠다. 그리스도는 교회의 머리가 되셔서 몸 된 교회의 생명을 유지하시며 죄와 싸우는 영적 전쟁과 이 땅에서 맡겨진 사역을 감당하는 데 필요한 능력을 주시고 영생으로 천국에 갈 때 까지 함께하신다. 주님의 몸 된 교회는 새로운 피조물인 성도들의 공동체로 하나님의 일을 하는 손과 발로 쓰임 받는다.

골로새서 | 1장

1. 골로새 교회가 믿음, 소망, 사랑이 넘치게 된 것이 무엇 때문인지 말해주고있는 구절들은?

2. 예수 그리스도와 만물의 관계를 설명해 주고 있는 구절들은?

3. 바울을 교회의 일꾼이 되게 한 이 비밀이 무엇인지 가르쳐 주고 있는 구절은?

골로새서 | 2장

1. 예수님은 난지 팔일 만에 할례를 받았습니다. 그런데 참된 할례를 말씀하십니다. 그리스도의 참된 할례가 무엇인지 나타나는 구절은?

2. 안식일의 참뜻이 무엇인지 가르쳐주고 있는 구절은?

골로새서 | 3장

1. '그리스도와 함께 다시 살리심을 받은 사람' 은 어떤 사람입니까? 이것을 말해주고 있는 구절은?

2. 구원받은 그리스도인은 '교회' 즉, 한 몸입니다. 모든 생활에 긍휼과 은혜가 넘쳐야 하는데 무엇보다 중요한 것은 사랑입니다. 그 이유가 나타나는 구절은?

3. 모든 사회적 관계 속에서 원리로 삼아야 하는 것이 무엇인지 말하고 있는 두 구절은?

골로새서 | 4장

1. 바울이 부탁하는 기도 제목이 무엇인지 나타나는 구절들은?

2. 바울은 많은 이들을 소개하며 서로 교제할 것을 권면하고 있습니다. 이러한 이유가 무엇 때문인지 보여주고 있는 구절은?

12 - 1 | 데살로니가전서

데살로전, 후서 핵심 커멘트 | 완성될 하나님의 나라를 소망하는 백성들

그리스도의 재림을 고대하던 백성들에게 언제나 재림을 준비하고 경계하며 살아야 함을 말한다. 그리스도께서 재림하시기 전에 죽은 자들은 그리스도와 함께 있고 재림을 맞이하는 성도들은 영적 존재로 변화되어 이끌려 올라가 주님과 함께 영원토록 살게 될 것을 설명한다. 후서는 초대교회의 박해가 종말의 때에 일어날 대환란이라고 느꼈다. 이에 바울은 대환란이 아니라고 안심시킨다. 우리도 시련과 박해를 받을 수 있으나 이미 승리하신 주님이 함께하심으로 승리할 것을 믿고 담대함으로 경건한 삶을 살아야 한다.

데살로니가 전서 | 1장

1. 바울의 선교사역으로 세워진 데살로니가교회의 믿음의 특징을 보여주고 있는 구절들은?

데살로니가 전서 | 2장

1. 바울의 사도권에 대한 불신은 그가 전하는 복음까지 무효라는 공격을 받았습니다. 이에 대하여 바울이 자기 변론을 하는데 복음사역의 증인들이 있음을 말하고 있는 구절들은?

2. 데살로니가교회가 복음을 받을 때의 모습을 보여주고 있는 구절은?

데살로니가 전서 | 3장

1. 바울 일행이 디모데를 통해 데살로니가교회의 믿음의 소식을 듣고 얻은 것이 무엇인지 나타나는 구절은?

2. 바울이 데살로니가교회를 위해 중보기도 한 내용이 무엇인지 가르쳐 주고 있는 구절들은?

데살로니가 전서 | 4장

1. 하나님을 기쁘시게 하는 것, 즉 하나님의 뜻을 말해주는 구절들은?

2. 죽은 자가 다시 살아날 것과 주의 재림을 믿는 믿음의 근거가 무엇인지 가르쳐 주고 있는 구절은?

데살로니가 전서 | 5장

1. 주의 재림은 홀연히 이르게 될 것입니다. 그럼으로 빛의 자녀들인 성도들은 어떻게 해야 하는지 알려주고 있는 구절들은?

2. 예수님께서 죽으신 이유를 말하고 있는 구절은?

3. 종말을 살아가는 성도들은 이웃과의 선한 교제와 하나님과의 바른 관계를 유지해야 합니다. 그러면 주님께서 원하시는 대로 행할 것입니다. 이것이 나타나는 구절들은?

12 - 2 | 데살로니가 후서

데살로니가 후서 | 1장

1. 핍박과 환란 중에서 인내함으로 믿음을 지켜내는 데살로니가교회를 칭찬하며 격려합니다. 환란을 받는 성도들에게 하나님의 베푸시는 것이 무엇인지 가르쳐 주고 있는 구절은?

2. 사도 바울과 일행이 데살로니가교회를 위해 기도하는 내용을 말해주고 있는 구절들은?

데살로니가 후서 | 2장

1. 거짓 교사와 거짓 그리스도의 출현 뒤에 역사하는 실체가 무엇인지 가르쳐 주고 있는 구절은?

2. 데살로니가교회를 구원하심이 하나님의 택하심과 섭리하시는 경륜에 따른 것임을 말하고 있는 두 구절은?

데살로니가 후서 | 3장

1. 데살로니가교회에 기도 부탁을 하면서 사도 바울이 데살로니가교회에 대하여 확신하고 있는 것을 가르쳐 주고 있는 두 구절은?

2. 복음 사역을 하던 사도 바울 일행이 보여준 모습이 나타난 구절들은?

13 - 1 | 디모데 전서

디모데전, 후서 핵심 커멘트 | **하나님의 나라의 제자와 일꾼**

2차, 3차 전도여행을 통해 오랫동안 젊은 목회자 디모데를 훈련시킨 바울은 그에게 에베소 교회의 목양을 맡긴다. 하나님 나라의 일꾼에게 연소함을 이길 수 있는 것은 오직 말과 행실과 사랑과 믿음과 정절에 모범을 보이며 신실하게 행하는 것이다. 바울은 무엇보다도 교회가 가장 필요한 것은 하나님의 말씀, 즉 진리를 가르치는 것이며 하나님의 뜻대로 인도하는 것이다.

디모데 전서 | 1장

1. 율법을 세운 목적을 알게 해 주고 있는 구절들은?

2. 사도 바울이 자신의 신앙고백을 통해 말하고 있는 복음의 내용이 나타나는 구절들은?

디모데 전서 | 2장

1. 예수 그리스도께서 중보자가 될 수 있는 자격이 무엇 때문인지 가르쳐 주고 있는 구절은?

2. 시대적, 사회적 배경으로 남녀 관계를 창조질서를 통해 교훈하고 있습니다. 여자들의 경건이 무엇인지 나타나는 구절은?

디모데 전서 | 3장

1. 하나님의 집인 교회의 감독자와 직분자들은 내외적으로 선한 증거를 얻은 자라야 하고 아내 된 자들도 경건해야 합니다. 그러나 무엇보다 중요한 것이 있는데 이것을 말해주고 있는 구절들은?

2. 교회란 무엇입니까? 교회라고 할 때 먼저 자신을 생각해야 할 것이 있는데 교회에 대한 정의를 말해주고 있는 구절은?

디모데 전서 | 4장

1. 거짓 교사들이 거룩하기 위하여 행할 것이 무엇인지를 말하며 미혹할 것인데 진실로 거룩하여질 수 있는 것이 무엇인지 가르쳐 주고 있는 구절은?

2. 주님의 선한 일꾼이 되기 위해 노력해야 하는 이유를 말해주고 있는 구절은?

3. 선한 일꾼이 되어 전심전력함으로 이루는 것이 무엇인지 나타나는 구절은?

디모데 전서 | 5장

1. 교회 공동체는 구원받은 하나님의 자녀들로 가족과 같은 공동체입니다. 이것을 말해주는 구절들은?

2. 교회가 과부들을 구제해야 하는데 구제를 받을 수 있는 참 과부는 어떤 자들인지 가르쳐 주고 있는 구절들은?

3. 선을 행하든 악을 행하든 밝히 드러날 것임을 보여주고 있는 구절들은?

디모데 전서 | 6장

1. 만족할 줄 아는 생활을 할 수 있는 이유로 말해주고 있는 구절들은?

2. 디모데가 경계해야 하는 세상의 모습을 표현해 주고 있는 구절들은?

3. 사도 바울이 부르심을 받은 목적이 무엇인지 가르쳐주고 있는 구절들은?

13 - 2 디모데 후서

디모데 후서 | 1장

1. 사도 바울이 감사하며 칭찬하고 있는 디모데의 믿음은 무엇인지 나타나는 구절은?

2. 하나님께서 우리를 구원하시고 부르신 것은 무엇 때문인지 가르쳐 주고 있는 구절은?

3. 하나님이 맡기신 사역을 감당할 수 있는 비결을 말하고 있는 구절은?

디모데 후서 | 2장

1. 그리스도의 충성된 사역자가 되어 군사와 농부와 경기하는 자 같은 자세를 가질 것을 말씀하고 있습니다. 특히 소망으로 가져야할 믿음이 무엇인지 가르쳐 주고 있는 구절들은?

2. 사역자로서 자신을 거룩하게 지켜서 예수 그리스도는 십자가에 죽으시고 삼일 만에 부활하심을 믿는 믿음으로 준비된 일꾼이 되어야 함을 말하고 있는 구절은?

디모데 후서 | 3장

1. 말세의 현상으로 경건의 모양은 있으나 경건의 능력은 부인하던 자들은 많은 지식을 배우지만 진리에는 이르지 못합니다. 이들의 결국을 말해주

고 있는 구절은?

2. 경건의 능력으로 살 수 있게 하는 것이 무엇인지 가르쳐 주고 있는 구절들은?

디모데 후서 | 4장

1. 사도 바울이 복음사역을 관제로 부름이 될때까지 전력할 수 있었던 것은 부름의 상을 바라보았기 때문인데 이것을 말해주고 있는 구절은?

2. 지난날 복음사역에서 자신을 떠났던 이들을 용서하며 관용을 베풀고 있습니까? 그럼에도 주님께서 함께 하셔서 끝까지 사역을 감당케 하셨던 이유가 무엇인지 나타나는 구절은?

14 | 디도서

디도서 핵심 커멘트 | 세상에 있는 하나님 나라의 일

교회에 침투하여 어지럽히고 파괴하려는 세상의 거짓된 가르침, 즉 인간의 선행이 구원의 조건이라는 것에 대하여 목회자는 교회에 건전한 교리를 가르쳐 지키게 하며 제자를 훈련하고 성도들이 하나님의 은혜의 복음으로 선한 일에 힘쓰게 한다. 그럴 때 하나님은 능력을 주신다.

디도서 | 1장

1. 장로와 감독은 하나님의 청지기로 책망할 것이 없어야 하고 인격과 생활과 말씀에 있어 모범이 되어야 합니다. 그 이유를 가르쳐 주고 있는 구절은?

2. 할례당과 유인들의 신앙 중에 핵심이 되는 문제를 지적해 주고 있는 구절은?

디도서 | 2장

1. 교사, 지도자들이 가르치고 교훈함에 있어 그 방법을 가르쳐 주고 있는 구절은?

2. 우리는 '이 세상' 에서 의로움과 경건함으로 살아야하는 것이 성도의 사명입니다. 이것을 위해 구원하셨음을 나타내는 네 구절은?

디도서 | 3장

1. 교회가 선한 일을 행할 수 있는 것은 무엇 때문인지 말해주고 있는 구절들은?

15 | 빌레몬서

빌레몬서 핵심 커멘트 | 용서함으로 이루어지는 하나님의 나라

복음은 하나님께서 죄인인 우리를 위해 독생자의 피 값으로 우리의 모든 죄를 용서하셨다는 것이다. 이제 예수님을 따르고 복음을 행하는 것은 우리에게 죄지은 자를 용서하는 것이다. 이것이 하나님의 나라가 세워지는 것이요, 복음에 빚 진자가 거저 받은 은혜를 나누며 사는 경건한 삶이다.

빌레몬서 | 1장

1. 바울은 마땅한 일을 명할 수 있었으나 빌레몬에게 사랑으로 간구하고 있습니다. 이것이 무엇 때문인지 나타나는 구절은?

2. 사도 바울은 빌레몬에게서 도망쳐온 오네시모를 종이 아니라 형제와 동역자로 삼고자하여 빌레몬에게 먼저 승낙을 받기 위해 요청하고 있습니다. 사도 바울이 빌레몬을 신뢰하는 것이 어느 정도인지 보여주는 구절은?

16 | 히브리서

히브리서 핵심 커멘트 | 성숙해야 성장하는 하나님의 나라

믿음을 통해 거듭날 때 새로 태어난 하나님의 권속이 된다. 그러므로 성도들이 성숙해야 하나님의 나라가 성장할 수 있다. 이를 위해 위대한 인물들을 믿음의 종들로 증거하며 성숙함을 강조 한다. 또한 믿음과 성숙의 근거로 그리스도의 우월하심을 나타내고 구약의 율법과 지금 까지 모든 희생제물 보다도 완전하신 그리스도를 증거 한다.

히브리서 | 1장

1. 히브리서의 결론에 해당하는 부분은 어느 구절인가?

2. 예수 그리스도께서 천사보다 뛰어나신 이유를 말해주고 있는 대표적인 한 구절은?

3. 천사들이 하는 일은 어떤 것인지를 말해주고 있는 구절은?

히브리서 | 2장

1. 히브리서 기자가 성도들에 대하여 어떤 것을 염려하고 있다고 말합니다. 그것이 나와 있는 구절은?

2. 예수 그리스도를 천사보다 잠시 낮아지게 하셨다고 말하고 있습니다. 그 낮아지신 모습과 목적을 말하고 있는 두 구절은?

3. 예수 그리스도께서 고난 받으신 의미를 말해주는 구절은?

4. 대제세장으로서의 그리스도께서 감당해야할 직무를 말해주고 있는 구절들은?

히브리서 | 3장

1. 유대인들에게 모세는 하나님과 대면한 자요, 율법의 전달자요, 민족을 구원케 한 위인이었습니다. 그러나 모세와 그리스도와는 신분의 근본적 차이가 있는데 이것을 비교하여 말하고 있는 두 구절은?

2. 광야에서 하나님의 음성을 듣고도 마음이 강퍅하여 순종치 못하였습니다. 마음이 강퍅하게 되는 이유를 말해주고 있는 구절은?

3. 하나님의 안식에 들어가지 못한 자들은 어떤 자들인지 말해 주고 있는 구절은?

히브리서 | 4장

1. 복음을 들었지만 그 복음이 믿음이 되지 못하고 안식도 얻지 못한 사람들에 대하여 말해주고 있는 구절들은?

2. 하나님의 백성에게 힘써야 할 것이 무엇인지 말해주고 있는 구절은?

3. 하나님의 말씀을 순종해야 하는 이유를 말해주는 두 구절은?

4. 주의 백성들은 진정한 안식으로 인도하실 분을 굳게 믿어야 합니다. 이 분

을 소개해 주고 있는 구절은?

히브리서 | 5장

1. 대제사장들은 사람들 중에서 뽑힌 자였습니다. 그러므로 대제사장도 자신을 위해 속죄제를 드려야 하는 연약한 존재입니다. 이것을 말해 주고 있는 구절은?

2. 예수 그리스도의 대제사장이 되심도 하나님의 말씀에 순종한 것입니다. 아론 계통의 대제사장과는 달리 그리스도의 대제사장직의 권위를 설명해 주고 있는 구절들은?

3. 예수 그리스도는 대제사장이 되어 온전히 순종하였습니다. 이제 예수 그리스도를 순종하는 자에게 베푸실 은혜를 말씀하고 있는 구절은?

4. 의의 말씀을 경험하고 선악을 분변하는 자들은 어떤 자들인지 말하고 있는 구절은?

히브리서 | 6장

1. 죽은 행실에 대한 회개, 하나님에 대한 신앙, 세례, 안수, 부활과 심판은 성숙한 신앙의 기본적인 믿음들입니다. 이것을 말해주고 있는 구절은?

2. 하나님이 우리가 어떻게 되기를 원하시는지 그 마음을 나타내 보여주시는 말씀은?

3. 하나님의 속성에 근거를 두고 우리가 간구하며 위로를 받을 수 있음을 말해주는 구절은?

히브리서 | 7장

1. 멜기세덱 제사장의 이름은 "의의 왕" 또는 "평강의 왕"입니다. 멜기세덱이 제사장으로서 레위 계통도 아니고 인간적인 신분도 없이 신비한 면을 보여주고 있는 두 구절은?

2. 레위 계통의 제사장들이 죽게 되면 제사장을 새로 세워야 합니다. 그러므로 많은 제사장이 생겨난 것입니다. 그러나 예수 그리스도께서 제사장이 되신 것은 죽음 없이 영원할 것임을 말해주고 있는 구절은?

3. 예수 그리스도께서 대제사장으로서의 중요한 특징 두 가지를 말해주고 있는 두 구절은?

히브리서 | 8장

1. 성소와 장막을 지을 때에 하나님의 지시하심은 무엇이며, 어떻게 지었는지 말해 주고 있는 구절은?

2. 제사장과 백성들이 섬기던 성소와 장막과 예물드림과 제사는 어떤 것이지 말해주고 있는 구절은?

3. 예수님이 얻은 더 좋은 직분은 무엇인지 나와 있는 구절은?

4. 두 번째 언약이 필요한 이유를 말해주는 구절은?

5. 첫 언약이 흠이 있었는데 그 이유는 무엇인지 말해주고 있는 구절은?

6. 옛 언약은 돌비에 새겨 놓았습니다. 그러면 새 언약은 어디에 기록하여 두

십니까? 이것을 말하고 있는 구절은?

히브리서 | 9장

1. 이 땅에 두신 성막 즉, 성소와 지성소에서 드리는 예물과 제사가 할 수 없는 한계가 있습니다. 그것을 말해주는 구절은?

2. 예수 그리스도께서 세우실 온전한 장막의 제사는 어떤 제물이 드려집니까? 그것을 말해주고 있는 구절은?

3. 9절의 문제점을 완전히 해결하고 있는 구절은?

4. 새 언약의 중보로서 하신 일이 무엇인지 말해주고 있는 구절은?

5. 예수 그리스도께서 자신을 단번에 드리게 되신 이유를 말해주고 있는 구절들은?

히브리서 | 10장

1. 제사 제도의 마지막으로 미리 준비되었던 제사가 예수 그리스도의 제사였음을 말해주고 있는 구절들은?

2. 구약 제사의 제물이 강제적이였던 반면 영원한 제사의 제물이 되신 예수 그리스도는 무엇이 다릅니까? 이것을 말해주고 있는 구절들은?

3. 예수 그리스도로 드려진 영원한 제사는 반복되는 제사가 아니라 단번에 드려지는 제사입니다. 단번에 드려진 제사로 어떤 효력이 발생하였습니까?

이것을 말해주는 구절들은?

4. 우리가 하나님 앞에 나아갈 권리가 있음을 말해주는 구절은?

5. 은혜의 약속을 받은 우리는 인내하며 기다려야 합니다. 그 이유를 말해주고 있는 두 구절은?

히브리서 | 11장

1. 시편 19:1~4절의 말씀의 의미로 믿음의 특징을 말해주고 있는 구절은?

2. 믿음으로 하나님께 나아가는 자는 무엇을 믿고 나가야 하는지를 말해주고 있는 6절의 짝을 이룰 수 있는 구절은?

3. 세상이 감당치 못할 믿음의 행적을 보인 믿음의 위인들이 무엇을 받았는지 말해주는 구절들은?

히브리서 | 12장

1. 믿음의 뿌리이며 믿음의 목표를 제시해 주고 믿음의 자세를 가르쳐 주는 구절은?

2. 징계를 받는 것은 예수님과 같이 아들로 대우하시는 것입니다. 징계의 목적을 말해주고 있는 두 구절은?

3. 믿음을 권면하는 말로 창세기 25:33~34절과 같이 경홀히 여기지 말라는 말씀은 몇 절입니까?

4. 아무 죄가 없이 피 흘려 죽은 것보다도 죄 없이 피 흘리신 예수님의 죽음을 말하고 있는 구절은?

5. 땅을 진동하는 이유가 무엇인지 말해주는 구절은?

히브리서 | 13장

1. 자족하는 것은 자신의 만족이나 형편과 처지에 만족하는 것이 아니라 하나님의 신실하심을 기초로 하나님의 섭리에 만족하는 것입니다. 그럴 때 이웃을 섬기며 나그네를 대접할 수 있게 됩니다. 이것을 권면하는 구절은?

2. 예수님이 성문 밖에서 고난을 당하신 이유를 말하고 있는 구절은?

3. 하나님이 기뻐하시는 제사가 무엇인지 말해주고 있는 구절은?

4. 히브리기자가 하나님께서 이루시기를 원하는 것이 무엇이라고 말하고 있습니까? 이것이 나타나는 구절은?

17 | 야고보서

야고보서 핵심 커멘트 | 행함으로 나타나는 하나님의 나라

오직 믿음으로 구원을 받는다. 행위로 구원을 받는 것은 아니다. 그러나 믿음의 행위는 변화된 하나님의 백성들의 생활이다. 하나님이 존재하는 것과 예수님이 그리스도인 것을 믿는 것은 귀신도 한다. 하지만 귀신을 알고 두려워할 뿐이다. 그러나 하나님의 백성들은 알고 있을 뿐만이 아니라 죄에서 구원받아 하나님의 거룩하심을 좇아 살아가는 변화된 삶으로 하나님의 나라를 이룬다.

야고보서 | 1장

1. 의심하는 이유가 무엇 때문인지 말해주고 있는 구절은?

2. 복된 자는 어떤 자인지 말해주고 있는 두 구절은?

3. 시험을 당하게 되는 이유와 그 결과를 가르쳐 주고 있는 두 구절은?

4. ‘진리의 말씀’, ‘하나님의 의’, ‘도’를 따르는 자세를 말해주고 있는 구절들은?

5. 경건의 의미를 설명해 주고 있는 구절은?

야고보서 | 2장

1. 믿음은 인간의 의지로 시작된 것이 아니라 하나님의 선물입니다. 이것을 가르쳐주고 있는 구절들은?

2. 사람을 외모로 보지 말아야 하는 이유를 말해주는 구절은?

3. '믿는다는 것' 이 무엇입니까? 이것을 가르쳐 주고 있는 구절들은?

4. 행함이 없는 믿음을 예로 들어 설명해 주고 있는 구절은?

야고보서 | 3장

1. 행위의 온전함은 먼저 혀를 절제하고 다스리는 것입니다. 다스려지지 못한 혀에서 나오는 것이 무엇인지 말해주고 있는 구절들은?

2. 참된 지혜가 나타내는 것은 무엇인지 말해주고 있는 구절들은?

야고보서 | 4장

1. 겸손한 자에게 은혜를 주시는데 은혜 받은 겸손한 자의 모습을 말해주고 있는 구절들은?

2. 율법과 성도와의 관계를 설명해 주고 있는 구절은?

3. 인간이 계획할지라도 일을 이루시는 분은 하나님이십니다. 그러므로 주님의 섭리하심을 인정하는 것이 주님의 뜻입니다. 이것을 말해주고 있는 구절은?

야고보서 | 5장

1. 성도가 참고 인내하며 마음을 굳게 할 수 있는 이유가 무엇 때문인지 가르쳐 주는 구절은?

2. 중보의 기도는 이웃들과의 교제의 상태에 따라 결정됩니다. 중보기도의 위력을 말해주고 있는 구절은?

18-1 | 베드로 전서

베드로전, 후서 핵심 커멘트 | 인내함으로 이루는 하나님의 나라

인내를 모르던 베드로가 복음을 위해, 그리고 선한 일을 위해 고난을 당하는 성도들에게 구원의 확신으로 흔들리지 말고 전능하시고 사랑이 충만한 하나님을 의지하고 인내할 것을 말씀하고 있다. 또한 후서에는 거짓 교사들의 미혹과 그리스도의 재림이 늦어지더라도 끝까지 인내할 것이며, 거짓교사의 분별은 끝까지 순전한 마음과 인내로 기다리는지 못 기다리는 지를 통해 분별할 수 있음을 가르쳐 주고 있다.

베드로 전서 | 1장

1. 본 서신을 받는 이들은 어떤 자들이며 '성도'를 표현해주고 있는 구절은?

2. 산 소망을 가지며 구원을 얻게 한 것이 무엇인지 가르쳐 주고 있는 구절은?

3. 구원받은 성도들은 아버지를 믿으며 '내가 거룩하니 너희도 거룩할 지어다' 하심 같이 거룩함에 대한 소원이 있어야 합니다. 이렇게 거듭난 것은 무엇 때문인지 말해주고 있는 구절들은?

베드로 전서 | 2장

1. 성도들은 거룩한 백성으로 날마다 성화되어야 함을 말해주고 있는 구절은?

2. 구원받은 성도들의 신분과 새로운 관계를 설명해 주고 있는 구절들은?

3. 구원받은 성도들이 선행을 해야 하는 이유를 말하고 있는 구절들은?

4. 예수 그리스도께서 십자가에 고난 받으신 것은 무엇을 위함입니까? 이것을 가르쳐 주고 있는 구절은?

베드로 전서 | 3장

1. 아내들의 단장은 어떤 것들인지 가르쳐 주고 있는 구절은?
또한 단장의 목적이 나타나는 구절은?

2. 성도들은 참된 교제를 통해 하나님의 복을 받습니다. 이것을 보여주고 있는 구절은?

3. 선을 행하되 낙심하지 말라고 권면합니다. 낙심하지 않으려면 어떻게 해야 합니까? 이것이 나타나는 구절은?

4. 형식적인 할례가 아니라 참된 세례가 무엇인지 가르쳐 주고 있는 구절은?

베드로 전서 | 4장

1. 예수 그리스도께서 행하신 일이 무엇인지 보여주고 있는 구절은?

2. 고난 속에서도 적극적으로 기도와 사랑과 봉사를 행하라고 말씀하십니다.
이렇게 할 수 있는 이유를 말해주는 구절은?

3. 고난에 참여하는 것을 즐거워 할 수 있는 이유를 가르쳐 주고 있는 구절들은?

베드로 전서 | 5장

1. 양무리를 돌보는 목자로 자원함과 즐거움과 겸손하고 모범이 되어야 하는데 그 상급이 무엇인지 나타나고 있는 구절은?

2. 사단이 교회에게 행하는 것이 무엇입니까? 이것을 가르쳐 주고 있는 구절은?

18-2 베드로 후서

베드로 후서 | 1장

1. 우리를 부르신 주 예수 그리스도를 알아야 하는데 그 알아야 하는 내용이 무엇인지 가르쳐 주고 있는 구절은?

2. 서신을 쓰고 있는 사도 베드로의 현재 상황이 어떤지 알려주고 있는 구절들은?

3. 성경이 사람의 말이 아니라 하나님의 말씀이심을 증거하고 있는 구절은?

베드로 후서 | 2장

1. 거짓교사들의 대표적인 주장이 무엇인지 나타나고 있는 구절은?

2. 거짓교사들은 결국 멸망할 것임을 세 가지 예를 들어 말하고 있는 구절들은?

3. 거짓교사들의 예로 거짓선지자 발람을 소개하고 있습니다. 거짓교사와 거짓선지자 발람이 어떤 상태가 될 것인지 설명해주고 있는 두 구절은?

베드로 후서 | 3장

1. 주님의 재림을 부인하며 비웃는 자들의 주장이 무엇인지 가르쳐 주고 있는 구절은?

2. 주님의 재림이 지연되고 아직 일어나지 않는 이유를 말해주고 있는 구절은?

3. 주님의 재림이 있기 전에 해야 할 일이 무엇인지 가르쳐 주고 있는 구절들은?

19 | 요한일서

요한1, 2, 3서 핵심 커멘트 | 교제를 통해 이루는 하나님의 나라

하나님의 나라는 관계, 교제를 통해 이루어지는 데 하나님, 사람들, 자연 등의 교제를 회복하게 될 때 이루어진다. 하나님과 교제하는 성도들은 하나님의 모든 것을 함께 나누고 세상을 좇지 않고 빛의 자녀가 된다. 그래서 다른 사람을 사랑하고 하나님의 생명을 나누는 사람이 된다. 그러나 거짓 교사들과의 교제도 용납하는 것은 아니다. 이들은 분별해 내야하고 거짓 복음과 공동체를 분열케 만든다면 교제를 단절해야 한다. 반면에 참된 교사와의 교제는 확대하고 후하게 환대해야 한다.

요한일서 | 1장

1. 예수님의 성육신하심을 설명해 주고 있는 두 구절은?

2. 하나님 안에 있고 주님과 사귐이 있는 그리스도인 이란 의미가 무엇인지 가르쳐 주고 있는 구절은?

요한일서 | 2장

1. 우리가 예수 그리스도 안에 거하여 교제할 수 있는 근거를 말해주고 있는 구절은?

2. 주님과 교제한다는 것은 무엇을 의미하는 것인지 가르쳐 주고 있는 구절들은?

3. 사랑의 관계성에 대하여 말해주고 있는 구절은?

4. 적그리스도는 어떤 자입니까? 이것이 나타나는 구절은?

5. 주님 안에 거하는 자들의 특징이 무엇인지 가르쳐 주고 있는 구절은?

요한일서 | 3장

1. 하나님 자녀의 특징은 무엇인지 나타나고 있는 구절들은?

2. 서로 사랑하라. 말과 혀로만 사랑하지 말고 오직 행함과 진실함으로 사랑하라고 말씀하고 있는데 사랑의 근거가 무엇인지 가르쳐 주고 있는 구절은?

3. 진리에 속한 자는 무엇으로 확신할 수 있는지 보여주는 세 구절은?

요한일서 | 4장

1. 적그리스도, 거짓 선지자는 어떤 자들인지 가르쳐 주고 있는 구절들은?

2. 하나님은 사랑이십니다. 그러므로 교회는 서로 사랑하므로 자신을 증거해야 합니다. 그런데 하나님이 사랑이심을 증거한 것이 무엇인지 나타나는 구절들은?

3. 사랑의 특성을 말해주고 있는 구절들은?

요한일서 | 5장

1. 하나님께로서 난 자가 하나님의 계명을 지키며 세상을 이길 수 있습니다. 이러한 자가 될 수 있는 것은 무엇인지 말하고 있는 구절들은?

2. 예수님이 그리스도이심을 증거하는 것들이 무엇인지 나타나는 구절들은?

3. 하나님의 아들이신 그리스도를 믿는다는 것은 곧 무엇을 얻은 것입니까? 이것을 말해주고 있는 구절들은?

20 | 요한이서

요한이서 | 1장

1. 아버지께 받은 계명대로 행하는 자가 누구인지 나타나는 구절은?

2. 거짓으로 미혹하는 자들과는 교제도 하지 말고 관용을 베풀지 말 것을 말하면서 어떤 자들인지 가르쳐 주고 있는 구절은?

21 | 요한삼서

요한삼서 | 1장

1. 일반은총이 잘된다고 특별은총을 깨닫거나 누리는 것은 아닙니다. 그러나 특별은총을 깨달으면 일반은총도 누리게 됩니다. 이것을 말해주고 있는 구절은?

2. 가이오가 순회 전도자였던 데메드리오를 후대하는 것이 마땅한 이유를 가르쳐 주고 있는 구절들은?

22 | 유다서

유다서 핵심 커멘트 | 믿음의 선한 싸움으로 지켜야하는 하나님의 나라

그리스도가 참 인간이며 하나님이심을 부정하고 진리와 복음을 왜곡시키는 이들에게 심판의 경고와 성도들에게는 이단에 대한 경계를 나타내고 있다. 또한 미약한 성도들을 지키고 이단에 미혹된 성도들을 구하는 적극적인 사역을 통해 하나님 나라를 지켜야 함을 말씀하고 있다.

유다서 | 1장

1. 본서의 목적이 무엇인지 나타나는 구절은?

2. 거짓교사는 어떤 자인지 가르쳐 주는 구절들은?

3. 가만히 들어온 사람, 거짓 교사들을 비유해서 나타내고 있는 내용들이 시작하는 첫 구절들은?

4. 사랑하는 자들에게 힘써야 할 일이 무엇인지 신앙적 권면을 하고 있는 네 구절은?

23 | 요한계시록

요한계시록 핵심 커멘트 | 완성될 하나님의 나라

이 땅을 향한 하나님의 계획이 완성되었을 때 일어날 일들이다. 부활하신 그리스도에 대한 환상과 승리의 재림할 그리스도와 영원히 통치하실 그리스도를 나타낸다. 그 때가 되면 선과 악이 맹렬하게 전쟁과 재앙으로 싸울 것이다. 이 전쟁과 재앙의 대 환란 속에서도 궁극적으로 승리하신 예수 그리스도께서 하나님과 하나님의 백성들을 대적하는 악의 세력을 심판하고 무너뜨릴 것이며 불완전하던 이 땅의 하나님의 나라를 완성된 하나님의 나라로 새롭게 세우시고 회복할 것이며 영원한 성도의 통치가 이루어질 것이다.

요한계시록 | 1장

1. 사도 요한이 받은 말씀이 누구의 계시인지 알 수 있는 구절들은?

2. 하나님 아버지와 예수 그리스도가 같은 분으로 묘사되고 있는 구절들은?

3. 사도 요한이 계시와 예언을 받던 때의 모습을 보여주고 있는 구절은?

4. 계시와 예언의 내용이 무엇에 관한 것들인지 알 수 있는 구절은?

요한계시록 | 2장

1. 에베소, 서머나, 버가모, 두아디라 교회가 나오는데 일반적으로 말씀하시는 자–칭찬–책망–보증의 구조를 이루고 있습니다. 각 교회에 말씀을 하시는 자가 누구인지 나타나는 구절들은?

각 교회에 보증해 주는 구절들은?

요한계시록 | 3장

1. 사대, 빌라델비아, 라오디게아 교회가 나오는데 일반적으로 말씀하시는 자-책망-권면, 위로-보증의 구조를 이루고 있습니다. 각 교회에 말씀을 하시는 자가 누구인지 나타나는 구절들은? 각 교회에 보증해 주는 구절들은?

2. 세 교회 중에서 책망이 없는 교회는?

3. 라오디게아 교회가 스스로 자신에 대하여 말하고 있는 내용이 나타나는 구절은?

요한계시록 | 4장

1. 앞으로 말씀하실 내용이 어떤 것들인지 알려주고 있는 구절은?

2. 하나님의 백성과 교회를 의미하는 것으로 구약의 12지파와 신약의 12제자들이 하나님께 예배하게 되는데 이것이 나타나는 구절은?

3. 앞으로 5장부터 19장까지 종말의 심판에 대하여 말씀하고 있는데 노아 홍수의 심판에 대한 하나님의 약속이 나타나는 구절은?

4. 천상 예배 가운데 하나님께 대하여 찬양하는 내용이 나타나는 구절들은?

요한계시록 | 5장

1. 봉하여진 일곱 인을 뗄 수 있는 자가 누구인지 가르쳐 주고 있는 구절들은?

2. 예수 그리스도께서 인을 뗄 수 있는 자격은 무엇 때문이지 표현해 주고 있는 구절들은?

요한계시록 | 6장

(6장부터 18장까지는 마지막 때 일어날 대환난이다. 6~7장은 일곱 인의 재앙을 8~14까지는 일곱 나팔의 재앙을 그리고 15~18장까지는 일곱 대접의 재앙을 말하고 있다.)

1. 일곱 인을 떼시는 때가 언제인지 알 수는 없습니다. 한 번에 떼시는지, 순차적(시대 속에서)으로 떼시는지 아니면 일곱 인이 상징하는 것이 무엇인지도 분명히 알 수는 없습니다. 그러나 주님께서 종말의 사건들을 말씀하신 것과 관련이 있음을 분명해 보입니다. 여기에서 일곱 인을 떼시는 자가 누구인지 말해주고 있는 구절은?

2. 대환난을 말하고 있는 6~18장에는 함께 나타나는 내용이 있는데 구원받은성도들이 하늘의 영광 안에 있는 모습입니다. 본 장에서 이러한 내용이 나타나는 구절은 어느 부분입니까?

3. 제단 아래 있는 영혼들이 호소한 내용으로 종말이 이루어질 일을 보여 줍니다. 이들이 호소한 내용이 나타나는 구절은?

요한계시록 | 7장

1. 여섯째 인을 때실 때에 일어나는 것으로 6:17절의 "~누가 능히 서리요"의 설명입니다. 7장은 성도들에게 일어날 세 가지를 보여 줍니다. 이를 따라 본문을 세 부분으로 나누어 보시오?

2. 인(印)을 치시는 하나님은 어떤 하나님으로 표현하고 있습니까? 이것이 나타나는 구절은?

3. 12지파는 믿음의 조상을 아브라함으로 하고 있습니다. 아브라함은 무할례시에 의롭다함을 얻음으로 하나님의 말씀을 믿어 의롭다함을 받은 모든 성도들은 12지파였던 이스라엘의 영적 이스라엘입니다.(혈통적 이스라엘이라면 첫째, 유다지파가 장자가 아닙니다. 먼저 나오면 안 됩니다. 둘째, 우상 숭배를 하던 단지파가 빠져 있습니다.) 인 맞은 십사만 사천이 구원받은 자들임을 설명해 주고 있는 첫 구절은?

요한계시록 | 8장

1. 금향로는 지성소 바로 앞에 있는 것인데 금향로가 무엇인지 가르쳐 주고 있는 구절은?

2. 땅에 일어나는 재앙이 시작된 때가 언제인지 나타나고 있는 구절은?

3. 화를 당하고 재앙을 받는 이들은 어떤 자들인지 나타나고 있는 구절은?

요한계시록 | 9장

1. 처음 네 재앙의 대상이 자연계였다면 본장에 나오는 다섯째와 여섯째의

재앙의 대상이 되는 것이 무엇인지 가르쳐 주고 있는 구절들은?

2. 하나님은 사단에게 사람들을 괴롭게 하지만 죽일 수 있는 권한은 제한하셨음을 볼 수 있습니다. 어떤 자들을 심판하실 때 이러한 제한을 두셨는지 보여주고 있는 구절은?

3. 여섯째 재앙에서도 남은 자들은 죽음의 재앙을 보면서도 회개치 않는 이들입니다. 이것이 나타나는 구절은?

요한계시록 | 10장

1. 하나님의 심판이 시작되면서 모든 재앙들은 약속에 따라서 이루어지고 있음을 보여 주고 있는데 4장3절과 같은 공통된 모습을 말하고 있는 구절은?

2. 에스겔 2:8~10절의 말씀과 같은 의미를 나타내고 있는 구절들은?

요한계시록 | 11장

1. 하나님의 성전이 의미하는 것이 무엇인지 가르쳐 주는 구절은?

2. '두 증인' 이 받은 권세가 무엇인지 말해주고 있는 두 구절은?

3. '소돔', '애굽', '주께서 십자가에 못 박히신 곳' 인 '큰 성' 은 어디를 의미하는 것일까요? 17:18절을 참고하여 보시오.

4. 두 증인의 결국은 어떻게 되었는지 보여주는 구절은?

5. 하늘의 음성이 선포한 내용이 무엇인지 나타나는 구절은?

6. 구원의 새 언약이 완성되는 것으로 지성소에 들어갈 수 있음을 보여주는 구절은?

요한계시록 | 12장

(1~11장까지로 1부로 본다면 12장부터는 제 2부라고 할 것이다.)

1. '여자' 가 낳은 아이는 예수님이라면 '여자' 는 누구인지 알 수 있는 구절은?

2. 하늘에서 내어 쫓긴 용이 교회와 싸우려고 서 있는 곳이 어디인지 가르쳐 주고 있는 구절은?

요한계시록 | 13장

1. 짐승에 대하여 출애굽기 15:11절, 시편 35:10절과 같은 의미로 표현해 주고 있는 구절은?

2. 빌립보서 4:3절에 있는 말씀과 정 반대의 내용을 말하고 있는 구절은?

3. 땅에서 올라온 짐승의 주된 혈통은 무엇인지 말하고 있는 구절들은?

요한계시록 | 14장

1. 십사만 사천 명이 어떤 사람들인지 가르쳐 주고 있는 두 구절은?

2. 성도들에게 요구하는 것이 무엇인지 나타나는 구절은?

3. 복 있는 자가 어떤 자인지 말해주고 있는 구절은?

요한계시록 | 15장

1. 하나님을 찬양하는 이들이 어떤 자들인지 가르쳐 주고 있는 구절은?

2. 일곱 천사가 나온 곳이 어디인지 나타나는 구절은?

요한계시록 | 16장

1. 재앙을 받는 이들이 어떤 자들인지 나타나는 구절은?

2. 복 있는 자가 어떤 자입니까? 이것을 가르쳐 주고 있는 구절은?

3. 인간에게 삶의 장으로 만들어 주셨던 자연계가 인간을 대적하여 멸망케 하는 재앙을 말해주고 있는 재앙은 몇 번째입니까?

요한계시록 | 17장

1. 바벨론이며 땅의 큰 음녀가 마시고 취한 것이 무엇인지 나타나는 구절은?

2. 모든 권세는 하나님께로부터 옵니다. 욥을 시험했던 사단과 같이 세상의 권세 잡은 자도 '잠시 동안' 정한 기간을 허락받았음을 보여주는 구절들은?

3. 잠시 동안 있을 세상 권세자를 이길 자는 누구인지 가르쳐 주고 있는 구절은?

요한계시록 | 18장

1. 큰 성 바벨론이 멸망하는 이유를 말해주고 있는 구절은?

2. 하나님께서 성도들에게 경고하시고 권면하시는 내용이 무엇인지 나타나는 구절은?

3. 큰 성 바벨론이 망할 때 슬퍼하던 이들은 이 곳에서 이익을 얻던 자들입니다. 그런데 큰 성 바벨론의 심판 뒤에는 어떤 의미가 있습니까? 이것을 가르쳐 주고 있는 구절은?

4. 예레미야 52:63~64절의 말씀이 배경이 되는 내용이 시작하는 구절은?

요한계시록 | 19장

1. 18장의 상고들과 선장들의 심판에 대한 애가와 대조를 이루고 있는 하나님께 대한 찬양으로 반복되고 있는 것은 무엇입니까?

2. 신랑되신 예수님은 결혼지참금으로 보혈을 지불하셨습니다. 신부된 교회가 준비해야하는 것이 무엇인지 나타나는 구절은?

3. 복된 자는 어떤 자인지 가르쳐 주고 있는 구절은?

4. 예수 그리스도의 속성을 표시하고 있는 구절은?

요한계시록 | 20장

1. 천년 왕국에서 왕 노릇하는 자들이 누구인지 가르쳐 주고 있는 구절은?

2. 복된 자들이 누리게 될 특권이 무엇인지 나타나고 있는 구절은?

3. 요한복음 10:30절, 로마서 14:10절, 고린도후서 5:10절 말씀의 의미를 확인할 수 있는 구절은?

4. 심판의 기준이 무엇인지 가르쳐 주고 있는 구절들은?

요한계시록 | 21장

1. 창세기 3:16~19절이 온전히 회복될 것임을 말하고 있는 구절은?

2. 고린도후서 5:17절의 완성으로 새 하늘과 새 땅의 모습을 말씀하고 있는 구절은?

3. 예수 그리스도의 복음을 기초로 세워진 교회 공동체가 성 예루살렘임을 보여주고 있는 구절은?

4. 거룩한 성 예루살렘이 지성소와 같이 하나님이 임재해 계시는 곳임을 가르쳐 주고 있는 구절은?

5. 새 예루살렘에 들어갈 자들이 어떤 자들이며 생명책의 저자가 누구인지 가르쳐 주는 구절은?

요한계시록 | 22장

1. 창세기 3:22~24절의 말씀이 회복되었음을 보여주는 구절은?

2. 사도 요한에게 이상과 계시를 주신 분이 누구인지 말씀하고 있는 구절은?

3. 복된 자는 어떤 자인지 가르쳐 주고 있는 구절들은?

4. 예수님께서 자신을 소개하고 있는 구절들은?

5. 성경과 계시의 말씀의 저자가 하나님이심을 가르쳐 주고 있는 구절들은?

6. 성도는 주님의 약속을 믿습니다. 예수님께서 거듭 약속하고 있는 것이 성도에게 소망이 되는데 그 약속이 나타나는 구절들은?

정답 및 설명

〈마태복음 정답〉

마태복음 1장
1. 17절 2. 18, 20, 23절
3. (23절) (21절)

마태복음 2장
1. 5, 15, 17, 23절
설명) 예언된 내용과 근거가 되는 성경을 찾아보아야 한다.

마태복음 3장
1. 3절 2. 11절 3. 17절

마태복음 4장
1. 1절 2. 17절 3. 19절

마태복음 5장
1. 17, 18절 2. 20절

마태복음 6장
1. 4, 6, 18절
2. 24, 33절

마태복음 7장
1. 성령 2. 20~21절

마태복음 8장
1. 3, 7, 13, 15, 26, 32절
2. 17, 29절

마태복음 9장
1. 2, 6, 13, 22, 29, 35절

마태복음 10장
1. 1절 2. 20절 3. 28절

마태복음 11장
1. 10, 13, 14절
2. 20절 3. 27절

마태복음 12장
1. 1, 10, 22, 38, 46절 2. 8절
3. 28절

마태복음 13장
1. 14, 15, 34, 35절

마태복음 14장
1. 18, 29절

마태복음 15장
1. 3, 6, 9절 2. 24절

마태복음 16장
1. 12절
설명) 바리새인들의 누룩-내적 생명력을 결여한 형식적, 자기 기만적 율법주의자들의 교훈 사두개인들의 누룩-극단의 이성주의자로 영혼과 영적 존재를 부인 하여 정치적이고 기복적 신앙을 주장하는 현실주의자들의 교훈

2. 16절
설명) 바리새인과 사두개인들의 교훈(신앙)으로 천국 문을 열수 없다.

3. 4, 21절

마태복음 17장
1. 5절 2. 13절
3. 18, 27절

마태복음 18장
1. 4절 2. 5, 6, 10, 14,절
3. 18절 4, 35절

마태복음 19장
1. 4~6절 2. 26절

마태복음 20장
1. 13~15, 23절
2. 26~28절

마태복음 21장
1. 5, 13, 16, 42절
2. 11, 46절 3. 13절
4. 43절

마태복음 22장
1. 11절 2. 21절
3. 30, 30, 45절

마태복음 23장
1. 3, 5, 16, 18, 23, 30절
2. 10~12, 17~22, 23, 26절

마태복음 24장
1. 2절 2. 5, 23, 26절 3. 14절
4. 42, 44절

마태복음 25장
1. 13, 21, 23, 40절

마태복음 26장
1. 13절 2. 28절 3. 32절
4. 39, 42, 44절
5. 56, 70, 72, 74절

마태복음 27장
1. 5절 2. 40, 42절
3. 51~52절

마태복음 28장
1. 7, 10, 16절 2. 19~20절

〈마가복음 정답〉

마가복음 1장
1. 1절 2. 3절
3. 8절 4. 8, 11, 24, 34, 45절

마가복음 2장
1. 9절 2. 17절
3. 27, 28절

마가복음 3장
1. 11절 2. 14~15절
3. 29절 4. 35절

마가복음 4장
1. 11~12, 33~34절
2. 28, 32절 3. 39절

마가복음 5장
1. 7절
2. 28, 34절 3. 36절

마가복음 6장
1. 8, 9절 2. 37절 3. 52절

마가복음 7장

1. 6, 7, 8, 9, 11, 13절 2. 28절

마가복음 8장
1. 15절 2. 29절 3. 33절

마가복음 9장
1. 7절 2. 19, 23, 24, 29절
3. 35절 4. 43, 45, 47절

마가복음 10장
1. 8절 2. 15절
3. 21절 4. 43~45절

마가복음 11장
1. 10절 2. 13절
3. 17절 4. 22절

마가복음 12장
1. 9절 2. 17절
3. 25절 4. 44절

마가복음 13장
1. 2절 2. 21절
3. 33, 34, 35, 37절

마가복음 14장
1. 43, 44절
2. 6, 8절
3. 29, 31절
4. 35, 36, 39절
5. 56, 57, 59절
6. 72절

마가복음 15장
1. 11절 2. 15절
3. 24절 4. 34절
5. 38, 39, 43절

마가복음 16장
1. 3절 2. 6절
3. 7절 4. 15절

〈누가복음 정답〉

누가복음 1장
1. 6, 7절 2. 16, 17, 76, 77절
3. 20절 4. 32, 33절
5. 35절 6. 59절

누가복음 2장
1. 11, 17, 21, 26, 38, 49절
2. 11, 26, 30, 32절
3. 21절 4. 25절
5. 34-35절 6. 38절 7. 49절

누가복음 3장
1. 3, 8절 2. 8절
3. 11, 13, 14절
4. 16절 5. 22절 6. 38절

누가복음 4장
1. 1절 2. 3, 9절 3. 22절
4. 34, 41절 5. 43절 6. 43절

누가복음 5장
1. 10절 2. 13, 24절
3. 24, 32절

누가복음 6장
1. 2, 7절 2. 35, 36, 47절

누가복음 7장
1. 7절 *참고-14, 28, 47절 등
2. 19, 20절 3. 22절
4. 27절 5. 39, 41절

누가복음 8장
1. 15절
2. 8, 12, 13, 14, 15, 18절
3. 21절 4. 28절
5. 48절

누가복음 9장
1. 2, 11, 27, 60, 62절
2. 20절 3. 23절
4. 20, 35절 5. 48절

누가복음 10장
1. 9, 11절
2. 16, 22절
설명) 하나님 나라는 관계의 회복이다. 성부, 성자, 성령과의 관계회복 그리고 성도들과 이웃을 이루고 교회 공동체와 사회를 이루고 하나님의 나라가 이루어지는 것이다.
3. 20, 23, 24절
4. 28, 37절
5. 42절

누가복음 11장
1. 13절 2. 20절 3. 28절
4. 31, 32절 5. 39, 42, 43절
6. 46, 52절

누가복음 12장
1. 11절 2. 31절
3. 37, 38, 40, 42, 43절
4. 58절

누가복음 13장
1. 8절 2. 17절
3. 19, 21절
4. 26, 27절 5. 34절

누가복음 14장
1. 4절 2. 14절 3. 24절
4. 26, 27, 33절
참고) 33절 '버린다'는 헬라어 〈아포타소마이〉로 사람은 '작별 인사를 한다' 그리고 사물에 대하여는 '포기하다', '버리다'는 뜻으로 소유의 의식을 포기하고 버린다는 것이다.

누가복음 15장
1. 7, 10, 24, 32절
2. (2절),(1절)

누가복음 16장
1. 11절 2. 13절
3. 17절 4. 29절

누가복음 17장
1. 4절 2. 6절
3. 14절 4. 21절
5. 22 30절

누가복음 18장
1. 3, 7절 2. 7, 8절
3. 11절 4. 24, 25절
5. 27절 6. 43절

누가복음 19장
1. 9절 2. 21, 22절
3. 38절 4. 46절

누가복음 20장
1. 13, 17절 2. 37절 3. 44절

누가복음 21장
1. 8절 2. 34, 36절

누가복음 22장
1. 3절 2. 12절
3. 16, 18절 4. 27절
5. 31, 32절 6. 42절
7. 67, 70절

누가복음 23장
1. 14, 15, 16, 22절
2. 23, 24, 25절
3. 30절 4. 35, 37, 39절
5. 43절 6. 45절
7. 47, 48절

누가복음 24장
1. 67절
2. 27, 32, 44, 45, 47절
3. 48, 49절

〈요한복음 정답〉

요한복음 1장
1. 1, 2절 2. 4절
3. 7, 8, 15, 23, 32, 34, 36절
4. 29절 5. 41, 49절

요한복음 2장
1. 9절 2. 21절 3. 22절

요한복음 3장
1. 5절 2. 8절 3. 14절
4. 16, 36절 5. 33절

요한복음 4장
1. 23~24절 2. 34절 3. 19, 29, 39절
4. 42절 5. 53절

요한복음 5장
1. 8절 2. 16, 18절
3. 24절
4. 33, 36, 37, 39, 46절
5. 29절

요한복음 6장
1. 만나와 생명의 떡
2. 15, 26절
3. 29절 4. 39, 40절
5. 35, 48, 51, 55, 56, 57, 58절
6. 37, 39, 44, 65절 7. 68절

요한복음 7장
1. 4절 2. 18절 3. 31절
4. 39절 5. 42절

요한복음 8장
1. 11절
2. 16, 18, 19, 28, 29, 38, 40, 42절
3. 42, 54절 4. 36절

요한복음 9장
1. 3, 5절 2. 16절 3. 41절

요한복음 10장
1. 4절 2. 9, 10, 11, 15절
3. 30, 36, 38절

요한복음 11장
1. 4, 25, 26, 40, 42절 2. 50, 53, 57절

요한복음 12장
1. 16절 2. 24절 3. 27절
4. 28절 5. 46, 47, 49, 50절

요한복음 13장
1. 1, 3절 2. 17절 3. 34, 35절

요한복음 14장
1. 16절
2. 1, 6, 7, 9, 10, 11, 12, 13, 20, 21, 24, 26, 28, 31절
3. 10~11절 4. 16, 17, 26절
5. 29절

요한복음 15장
1. 2, 4, 5, 7, 16절
2. 7, 8, 9, 10, 11, 15절
3. 10, 12, 17절
4. 26, 27절

요한복음 16장
1. 2절 2. 7절
3. 8, 9, 10, 11, 13, 14, 15절 4. 33절

요한복음 17장
1. 1, 4, 5절
2. 6, 8, 9, 10, 11, 13, 14, 18, 21, 22, 23, 24, 25, 26절
3. 11, 21, 22, 23절
4. 21, 23, 26절

요한복음 18장
1. 11절 2. 17, 25, 26절
3. 36절

요한복음 19장
1. 4, 6, 12절 2. 14, 42절
3. 17절 4. 20절
5. 24, 28, 35, 36, 37절

요한복음 20장
1. 1, 19절 2. 17절 3. 21절
4. 21,22,23절 5. 31절

요한복음 21장
1. 6절 2. 15~17절

〈사도행전 정답〉

사도행전 1장
1. 1, 2절 2. 5절
3. 8절 4. 32, 25절

사도행전 2장
1. 4, 6, 8, 11절
2. 21절
3. 16, 22, 25, 32절
4. 22, 32, 33, 36절
5. 38, 40절
6. 47절

사도행전 3장
1. 6, 16절 성전 미문에 데려다 놓는 자, 적선을 하는 자, 은과 금이 아니라 나사렛 예수 그리스도를 전하는 자
2. 15절 3. 19절

사도행전 4장
1. 10, 12절 2. 18절
3. 19절 4. 29, 30절
5. 32, 34, 35, 37절

사도행전 5장
1. 3, 9절 2. 32절
3. 5:40 4. 41, 42절

사도행전 6장
1. 3, 4절 2. 11, 13, 14절

사도행전 7장
1. 2절(아브라함), 9절(요셉), 20절(모세), 46절(다윗), 47절(솔로몬)
2. 51~53절 3. 58절

사도행전 8장
1. 4절 2. 8절
3. 19절 4. 26, 29, 39절

사도행전 9장
1. 4, 5절 2. 12, 16절
3. 15, 16절 4. 31절
5. 35, 42절

사도행전 10장
1. 3, 19, 44, 45, 47절
2. 28절 3. 34, 35절
4. 45절

사도행전 11장
1. 18절 2. 26절

사도행전 12장
1. 5, 12절 2. 6절 3. 24절

사도행전 13장
1. 2, 4, 9, 52절
2. 23, 32, 33절
3. 38-39절 4. 48절

사도행전 14장
1. 3, 15절 2. 17절 3. 27절

사도행전 15장
1. 11절
2. 8, 12, 14, 17, 20, 28, 29절

사도행전 16장
1. 6, 7절 2. 17절 3. 28절
4. 37절

사도행전 17장
1. 3절 2. 11절
3. 21, 22절

사도행전 18장
1. 9-10절 2. 18절 3. 25절

사도행전 19장
1. 5절 2. 11절
3. 17, 20절 4. 24, 25, 27절

사도행전 20장
1. 21, 25, 27절
2. 24절 3. 32절

사도행전 21장
1. 5, 11절 2. 13, 14절
3. 24절 4. 28절

사도행전 22장
1. 3절 2. 15절
3. 21절 4. 28절

사도행전 23장
1. 6, 8절 2. 11절
3. 30, 35절

사도행전 24장
1. 5, 6절 2. 15, 21절
3. 26, 27절

사도행전 25장
1. 9절
2. 18, 19, 20, 25, 26, 27절

사도행전 26장
1. 6, 7, 22절
2. 16, 20, 23절
3. 29절

사도행전 27장
1. 23-25절
2. 24절
3. 10, 21, 32, 36, 44절

사도행전 28장
1. 5, 8, 9절 2. 23절
3. 30절

〈로마서 정답〉

로마서 1장
1. 2, 3, 4절 2. 7, 10, 13, 15절
3. 16, 17절 4. 18-25절

로마서 2장
1. 5, 7, 8, 9, 10절
2. 10, 12, 28절
3. 13절 4. 14, 15절
5. 29절

로마서 3장
1. 4, 9, 12, 23절
2. 20절
3. 22, 24, 25, 26절
4. 26, 27, 28, 30, 31절
5. 31절

로마서 4장
1. 3, 9, 11, 12, 13절
2. 6~9절
3. 12, 16, 18절
4. 24절
5. 25절

로마서 5장
1. 6, 8, 10, 18절 2. 14절
3. 19절 4. 21절

로마서 6장
1. 3, 4, 5, 8, 11절
2. 6, 7, 9, 10, 11, 13, 16, 17, 18, 19, 22절
3. 6, 12, 16, 17, 18, 22절
4. 21~23절

로마서 7장
1. 4, 6절 2. 7, 9, 11, 13절
3. 17, 19, 20, 23절
4. 25절

로마서 8장
1. 1절 2. 3절
3. 11절 4. 14~17절
5. 19, 21절 6. 28, 29, 30절
7. 32, 34, 39절

로마서 9장
1. 3절 2. 11절 3. 16절
4. 25, 26절 5. 30절

로마서 10장
1. 9절 2. 10, 11, 12, 13절
3. 16, 21절

로마서 11장
1. 4, 5절 2. 16, 17, 18, 21, 24절
3. 25, 30, 31, 32절
4. 28, 34, 36절

로마서 12장
1. 2절 2. 4, 5절 3. 21절

로마서 13장
1. 3, 4절 2. 8, 10절 3. 14절

로마서 14장
1. 6, 8, 9절
2. 2, 3, 6, 15, 17, 20, 21절
3. 17, 19, 23절

로마서 15장
1. 6절 2. 7절 3. 16절
4. 18절 5. 27절

로마서 16장
1. 17, 18절 2. 25, 26절

〈고린도전서 정답〉

고린도 전서 1장
1. 2절 2. 12절
3. 21절 4. 25, 26, 27, 28절

고린도 전서 2장
1. 4, 5절 2. 10, 12, 13, 14절

고린도 전서 3장
1. 1~3절 2. 9절 3. 11절
4. 16, 17절 5. 22, 23절

고린도 전서 4장
1. 4, 5절 2. 14, 15, 16절

고린도 전서 5장
1. 7절 2. 11, 12절

고린도 전서 6장
1. 8절
2. 13, 14, 15, 17, 19, 20절
3. 19절

고린도 전서 7장
1. 7, 14, 15, 16, 17, 19, 22, 24, 25, 35, 39, 40절

고린도 전서 8장
1. 8절 2. 1, 3, 9, 10, 11, 12절
3. 9, 12, 13절

고린도 전서 9장
1. 12, 15절 2. 16, 17절
3. 19, 20, 21, 22, 23절

고린도 전서 10장
1. 6, 7, 8, 9, 10. 11절
2. 16, 17절
3. 23, 24, 29, 32, 33절

고린도 전서 11장
1. 11, 12절 2. 24, 25, 26절

고린도 전서 12장
1. 3절 2. 4, 7, 11, 12절
3. 12, 13, 20, 27절

고린도 전서 13장
1. 1, 2, 3, 8, 13절

고린도 전서 14장
1. 5, 13, 19, 26, 28, 40절
2. 33, 36절

고린도 전서 15장
1. 2, 14, 17절
2. 3, 4, 5~8(6번), 54절
3. 2, 14, 15, 16, 17, 18, 19절
4. 20, 22, 45, 49절
5. 45, 47, 49절
6. 44, 49, 52, 53, 54절

고린도 전서 16장
1. 14, 22, 24절

〈고린도후서 정답〉

고린도 후서 1장
1. 3, 4, 5, 6, 7, 9, 10절 2. 12절
3. 23절

고린도 후서 2장
1. 4절 2. 7, 8, 10절
3. 14, 15, 16절

고린도 후서 3장
1. 3, 6, 8, 18절 2. 6, 8, 9절
3. 17, 18절

고린도 후서 4장
1. 1~5절 2. 6절 3. 15절

고린도 후서 5장
1. 5절 2. 9, 13절 3. 17절
4. 21절

고린도 후서 6장
1. 1, 3, 11절
2. 16, 18절

고린도 후서 7장
1. 1절 2. 2절
3. 9, 10, 11절

고린도 후서 8장
1. 2, 3, 5절 2. 13, 14, 15절
3. 20, 21절

고린도 후서 9장
1. 5, 6, 8절
2. 8, 9, 10, 11, 12, 13, 14, 15절

고린도 후서 10장
1. 4, 5절 2. 8절
3. 10절 4. 13, 18절

고린도 후서 11장
1. 7~9, 29절
2. 28절 3. 30절

고린도 후서 12장
1. 9, 10, 19절 2. 12, 13절

고린도 후서 13장
1. 4절 2. 6, 7, 9, 10절

〈갈라디아서 정답〉

갈라디아서 1장
1. 4절 2. 6, 7, 8, 9절
3. 11, 12, 16절

갈라디아서 2장
1. 8, 9절 2. 13, 14절
3. 20, 21절

갈라디아서 3장
1. 6, 7, 8, 9, 11, 14절
2. 19, 23, 25절
3. 26절

갈라디아서 4장
1. 5, 6, 7절 2. 19절
3. 28절

갈라디아서 5장
1. 1~13절 2. 6절
3. 24절 4. 16, 18, 25절

갈라디아서 6장
1. 8절 2. 14절

〈에베소서 정답〉

에베소서 1장
1. 3, 4, 5, 6, 7, 9, 10, 12, 13, 15, 20절
2. 22, 23절

에베소서 2장
1. 2절 2. 4~6절
3. 10절 4. 19, 21, 22절

에베소서 3장
1. 6절 2. 8, 9, 10, 11절
3. 17절

에베소서 4장
1. 3절 2. 6절
3. 12, 15, 16절
4. 24절 5. 25절

에베소서 5장
1. 2절 2. 8절
3. 26, 27절

에베소서 6장
1. 8절 2. 11, 12, 16절

〈빌립보서 정답〉

빌립보서 1장
1. 8절 2. 7, 13, 14, 17절
3. 20, 21절

빌립보서 2장
1. 5절 2. 13절
3. 17, 18절 4. 26, 30절

빌립보서 3장
1. 3절 2. 9절 3. 21절

빌립보서 4장
1. 7절 2. 14, 15, 16, 18절

〈골로새서 정답〉

골로새서 1장
1. 5, 6절 2. 15, 16, 17, 18, 20절
3. 27절

골로새서 2장
1. 11절 2. 17절

골로새서 3장
1. 10절 2. 14절
3. 23, 24절

골로새서 4장
1. 3, 4절 2. 3, 18절

〈데살로니가전서 정답〉

데살로니가 전서 1장
1. 3, 6, 8, 9, 10절

데살로니가 전서 2장
1. 10, 11절 2. 13절

데살로니가 전서 3장
1. 7절 2. 11~13절

데살로니가 전서 4장
1. 3, 7절 2. 14절

데살로니가 전서 5장
1. 6, 8, 11절
2. 10절 3. 23, 24절

〈데살로니가후서 정답〉

데살로니가 후서 1장
1. 7절 2. 11, 12절

데살로니가 후서 2장
1. 9절 2. 13, 14절

데살로니가 후서 3장
1. 4, 5절 2. 7, 8절

〈디모데전서 정답〉

디모데 전서 1장
1. 9, 10절 2. 15, 16절

디모데 전서 2장
1. 6절 2. 9, 15절

디모데 전서 3장
1. 9, 16절 2. 15절

디모데 전서 4장
1. 5절 2. 10절 3. 16절

디모데 전서 5장
1. 1, 2절 2. 9, 10절
3. 24, 25절

디모데 전서 6장
1. 7, 8절 2. 9, 17절
3. 12, 18절

〈디모데후서 정답〉

디모데 후서 1장
1. 5절 2. 9절 3. 14절

디모데 후서 2장
1. 8, 11절 2. 21절

디모데 후서 3장
1. 8절 2. 15, 16절

디모데 후서 4장
1. 8절 2. 17절

〈디도서 정답〉

디도서 1장
1. 9절 2. 16절

디도서 2장
1. 7절 2. 11~14절
설명) 의로움과 경건함과 거룩해야 하는 것은 구원의 은혜를 증거하고 주님께 영광을 돌리는 것이다.

디도서 3장
1. 5, 7절

〈빌레몬서 정답〉

빌레몬서 1장
1. 14절 2. 21절

〈히브리서 정답〉

히브리서 1장
1. 1~3절 2. 4절
3. 14절

히브리서 2장
1. 1절 2. 8, 9절 3. 10절
4. 17, 18절

히브리서 3장
1. 5, 6절
설명) 모세는 하나님 집의 사환으로 그리스도는 하나님 집을 맡은 아들로 표현하고 있다.
2. 13절 3. 18절

히브리서 4장
1. 26절 2. 11절
3. 12, 13절 4. 14절

히브리서 5장
1. 3절 2. 6, 10절 3. 9절
4. 14절

히브리서 6장
1. 1절 2. 12절 3. 18절

히브리서 7장
1. 3, 16절
설명) "멜기"는 왕, "세덱"은 의의 그르므로 의의 왕이며 살렘은 예루살렘을 가리키며 평강(샬롬)의 왕이란 뜻이다.
2. 25절 3. 27~28절

히브리서 8장
1. 5절 2. 5절 3. 6절
4. 7, 13절 5. 9절 6. 10절

히브리서 9장
1. 9절 2. 12, 25, 26, 28절
3. 14절 4. 15절
5. 12, 14, 15, 26, 28절

히브리서 10장
1. 5, 7, 9, 10, 12절
2. 7, 9, 10절
3. 10, 12, 14, 17, 18, 26절
4. 19절 5. 38, 39절

히브리서 11장
1. 3절 2. 26절
3. 33, 39절
설명) 약속과 증거만 가지고도 세상이 감당치 못할 믿음을 가지고 살았다. 그런데 우리는 약속하신 예수 그리스도의 성육신과 십자가의 죽으심을 알고 그 은혜를 받았기에 세상이 감당치 못할 믿음을 가져야 한다.

히브리서 12장
1. 2절 2. 12, 13절
3. 16절 4. 24절 5. 27절

히브리서 13장
1. 5절 2. 12절
3. 16절 4. 21절

〈야고보서 정답〉

야고보서 1장
1. 8절 2. 12, 25절
3. 14, 15절
4. 20, 21, 22, 23, 25절
5. 27절

야고보서 2장
1. 1, 5절 2. 5절
3. 14, 17, 18, 20, 22, 24, 26절
4. 19절

야고보서 3장
1. 8, 9, 10절 2. 13, 17, 18절

야고보서 4장
1. 2, 7, 8, 9, 10절
2. 11절 3. 15절

야고보서 5장
1. 11절 2. 16절

〈베드로전서 정답〉

베드로 전서 1장
1. 2절
설명) 성부, 성자, 성령의 사역을 소개함으로 삼위 하나님의 사역으로 이루어진 구속 역사임을 증거한다.
2. 5, 7, 8, 9절 3. 19, 23, 25절

베드로 전서 2장
1. 2절 2. 9, 10절
3. 12, 15절 4. 24절

베드로 전서 3장
1. 4절, 1절 2. 9절
3. 15절 4. 21절

베드로 전서 4장
1. 1절 2. 11절
3. 13, 14, 16절

베드로 전서 5장
1. 1, 4, 6, 10절 2. 9절

〈베드로후서 정답〉

베드로 후서 1장
1. 4절 2. 13, 14절
3. 21절

베드로 후서 2장
1. 1절 2. 5, 6, 7절
3. 20, 21절

베드로 후서 3장
1. 4절 2. 9, 15절
3. 11~13절

〈요한일서, 이서, 삼서 정답〉

요한 일서 1장
1. 1, 2절 2. 7절

요한 일서 2장
1. 2절 2. 3, 4, 5, 6절
3. 15절 4. 22절
5. 29절

요한 일서 3장
1. 3, 6, 7, 9, 10절
2. 16절 3. 22~24절

요한 일서 4장
1. 2, 3, 5, 6절 2. 9, 10, 14절
3. 18, 20, 21절

요한 일서 5장
1. 1, 4, 5절
2. 7, 8, 9, 10, 11절
3. 12, 13, 16, 20절

요한 이서 1장
1. 6절 2. 7절

요한 삼서 1장
1. 2절 2. 8, 12절

〈유다서 정답〉

유다서 1장
1. 3절 2. 4, 16절
3. 7, 8, 11절
4. 20, 21, 22, 23절

〈요한계시록 정답〉

요한계시록 1장
1. 1, 18절 2. 8, 17~18절
3. 9절 4. 1, 19절

요한계시록 2장
1. 1, 8, 12, 18절/ 7, 11, 17, 26~29절

요한계시록 3장
1. 1, 7, 14절/ 5, 12, 21절
2. 빌라델피아교회
3. 17절

요한계시록 4장
1. 1절 2. 4절
3. 3절 4. 8, 11절

요한계시록 5장
1. 5, 6, 7, 8,(12, 13)절
2. 6, 9, 12절

요한계시록 6장
1. 1절 2. 9~11절 3. 10절

요한계시록 7장
1. 1~2 : 마지막 대환난이 있다는 것
3~8 : 하나님의 인치심이 있다는 것
9~17 : 구원받은 성도들의 모습
2. 2절 3. 9절

요한계시록 8장
1. 3절 2. 4절 3. 13절

요한계시록 9장
1. 4, 5, 6, 10, 15, 20절
2. 4절 3. 20절

요한계시록 10장
1. 1절 2. 9~10절

요한계시록 11장
1. 1절 2. 5, 6절 3. 세상
4. 12절 5. 15절 6. 19절

요한계시록 12장
1. 17절 2. 17절

요한계시록 13장
1. 4절 2. 8절
3. 12, 14절

요한계시록 14장
1. 3, 4절 2. 12절 3. 13절

요한계시록 15장
1. 2절 2. 5절

요한계시록 16장
1. 2절 2. 15절
3. 일곱째

요한계시록 17장
1. 6절 2. 12, 17절
3. 14절

요한계시록 18장
1. 3절
설명) 로마의 멸망 원인이기도 하며 라오디게아 교회의 책망 받은 일이기도 하다.
2. 4절 3. 20절 4. 21절

요한계시록 19장
1. 할렐루야
설명) '찬양하라'(할랄), '여화와'(야)/ 시150(할렐루야 시), 시113~118(애굽의 할렐)
2. 8절 3. 9절
4. 11절
설명) '충신'〈피스토스〉: 신실하다, '진실'〈알렐티노스〉: 예수 그리스도는 진리를 가져오시는 분으로 그의 말씀은 조금도 거짓이 없다는 뜻

요한계시록 20장
1. 4절 2. 6절

3. 11절 4. 12,15절

요한계시록 21장

1. 4절 2. 5절 3. 12절
4. 22절 5. 27절

요한계시록 22장

1. 2절 2. 6절
3. 7, 14절
4. 13, 16절 5. 18, 19절
6. 7, 12, 20절